새신자를 위한 40일 기도문

새신자를 위한 40일 기도문

초판 1쇄 인쇄 | 2012년 7월 20일
초판 1쇄 발행 | 2012년 7월 20일

지은이 | 한치호
교　정 | 이윤권
편　집 | 최영규
펴낸이 | 정신일
펴낸곳 | 크리스천리더
주　소 | 부천시 원미구 중동 667-16 (2층)
연락처 | ☎ (032)342-1979 fax.(032)343-3567
홈페이지 | www.cjesus.co.kr
총　판 | 생명의 말씀사 (02)3159-8211
등　록 | 제2-2727호(1999. 9. 30.)

ISBN 978-89-6594-048-7 03230

값 6,800원

저자와의 협약 아래 인지는 생략되었습니다.
이 출판물은 저작권법에 의해 보호를 받는 저작물이므로
무단전재와 무단복제를 할 수 없습니다.

■ 잘못된 책은 구입하신 곳에서 바꾸어 드립니다.

새신자를 위한
40일 기도문

한치호 목사

CS 크리스챤리더

추천의 글

새신자의 양육에 꼭 필요한
간구의 은혜

주 안에서 동역자가 되어 함께 복음을 위하여 수고하고 있는 한치호 목사께서 좋은 기도 안내서를 쓰셨으니 감사하다.

그로 하여금 새신자의 양육과 교회 안에서의 성장을 위하여 중보하는 이들을 위한 책을 준비하게 하신 하나님께 영광을 올린다.

사실, 그리스도인이라면 그에게 다른 이름을 붙일 때, 기도의 사람이다. 그만큼 우리는 기도로 살아간다. 우리의 기도를 시간으로 볼 것 같으면 새벽에 누구보다 일찍이 일어나서 교회로 가서 기도한다. 그리고 교회를 찾지 못하면, 자신이 있는 자리에서 머리를 숙인다.

그러므로 우리는 기도로 하루를 시작하고, 하루의 삶을 마감 짓기 위해서 기도한다. 이처럼 그리스도인에게는 기도가 삶의 한 과정이다. 그럼에도 우리에게 기도를 하라면 곤혹스러워한다.

한 사람의 불신자가 예수님을 구주로 영접하여 하나님의 자녀가 되었다면 그는 신앙적인 면에서 어린 아이와 같다. 그러므로 그에게는 어머니가 아이를 돌보아 성장을 도와주어야 하듯이, 먼저 신자가 된 우리가 그의 성장을 위하여 기도로 도와야 한다.

그런데 새신자를 위해서 중보로 나아가고 싶으나 실제로 무릎을 꿇고 보면 기도가 떠오르지 않는 경우가 종종 있다.

그리고 우리의 중보가 한 두 번이 아니고, 기간을 정해 놓고 기도하게 되면 기도의 내용이 늘 똑같게 되기 십상이다.

이에, 나의 사랑하는 동역자가 새신자의 신앙적인 성장과정에 따라서 작성한 기도문의 한 권의 책으로 엮게 되었다니 참으로 반갑다.

여기에 수록된 기도문을 참고로 간구한다면 기도의 내용적으로도 큰 은혜가 되리라 확신한다.

그 날 그 날의 간구에 응답하셔서 새신자를 그리스도의 장성한 분량에까지 이르게 하시는 하나님의 인도를 보게 되는 은혜를 누리게 될 것이다.

새신자의 성장과 양육에 요구되는 신앙적인 과정을 꼼꼼하게 체크해서 40일 동안의 기도문을 작성했다니, 대단한 작업이다.

이 일을 시작하시고, 이루신 하나님이 영광을 받으셔야 한다. 그리고 이 기도문을 사용하여 간구하는 이들에게 하늘의 문이 열리기를 기도한다.

부평삼광교회 담임, 대한예수교장로회경일노회 노회장(전)
2012년 7월에 김갑천 목사

저자의 말

새신자를 위한 중보기도
영적인 신생아 사역

어느 가정에 아기가 태어났다고 하자.

새로 태어난 생명을 반갑게 맞이하고, 그가 생명을 보존할 수 있도록 최소한의 조치를 취하는 것은 그를 맞이하는 가족들의 몫이다.

아기는 자기를 낳은 어머니의 가슴을 찾으면서 동시에 가족들의 사랑이 깊은 돌봄을 받으며 자라게 된다. 육체적인 생명의 성장과 양육은 영적인 생명에 있어서도 동일하다.

우리는 사울이 그리스도를 만나는 사건 이후에 그를 위하여 하나님께서 준비해 두신 사람 아나니아로부터 안수를 받았다는 사실을 안다.

성경은 하나님께서 사람을 세우시는 방법을 보여주고 있는데, 언제나 하나님의 방법에는 사람이 쓰여 졌다는 사실에 주목하게 된다. 성경의 기록에서 사람은 늘 하나님의 일하심에 대한 도구였다.

그렇다면, 지옥불로 끌려가던 한 사람이 하나님의 구원하심에 예정되어 예수님을 구주로 믿고 하나님의 자녀로 영생을 얻게 되었다면 우리는 이 새 생명의 양육에 대하여 헌신할 준비를 해야 한다.

이 생명의 성장과 양육을 위해서 누가, 어떤 자리에서 쓰여 질 줄 모르기 때문이다.

하나님은 쉬지 않으시고 구원의 역사를 이루신다. 이 구원의 역사로 말미암아 태어난 새 생명에 대한 헌신은 우리의 몫이다. 교회에는 늘 새신자를 맞이하고, 그의 양육을 도울 준비가 되어 있어야 한다. 그리하여 새신자를 맞이한 그 시간부터 신생아 사역을 해야 한다.

이에 새신자가 하나님과의 화목한 관계를 누리고, 교회생활을 통해서 그리스도인으로 양육되어 지는 기간 동안에 그를 위하여 중보할 기도의 모범적인 간구가 필요하게 되었다.

새신자의 정착과정을 돕고, 그를 위해서 중보하려 할 때 우리가 간구해야 할 기도가 있다면 무엇일까? 부족한 시간이었으나 그동안의 목회 경험을 바탕으로 새신자를 중보하는 기도의 내용을 정리해 보게 되었다.

이 작은 책과 함께 하면서 40일 동안 새신자를 위하여 기도하는 즐거움을 기대하자. 우리의 기도는 바로 영적인 신생아 사역이다. 새신자를 위하여 기도하기를 소망하는 모든 이들을 축복한다.

저자 한치호 목사

이 책의 활용법

1. 교회에 새로 나왔거나 아직 정착하지 못한 새신자가 있다면 그 영혼을 위해 40일간 기도로 작정합니다.

2. 40일간 기도 시간을 정해 구체적으로 기도합니다.

3. 하루에 1과씩 기도문을 매일 읽고, 묵상하며 기도합니다.

4. 매 과의 첫 페이지 왼쪽에 새신자 이름을 기록하고 새신자를 위한 간구의 기도문을 기록합니다.

5. 매 과의 첫 페이지 오른쪽에 말씀을 깊이 있게 세번이상 읽고 묵상하며 새신자를 위한 실천사항을 기록합니다. 9페이지의 새신자 실천사항을 참고하세요.

6. 매 과의 기도문을 진정한 영혼을 사랑하는 마음을 담아 세 번이상 읽고 기도합니다.

7. 40일 동안 중보기도 함으로 새신자가 교회에 잘 정착할 수 있을 것이고 기도를 마칠쯤엔 놀라운 영적 경험을 하게 될 것입니다.

새신자를 위해 이렇게 실천해보세요.

새신자에게 한 가지씩 실천해보세요. 당신의 실천으로 새신자들의 마음속엔 복음의 싹이 자라날 것입니다.

편지 보내기

새신자를 위해 새신자의 안부와 관심을 편지 안에 적어 보내세요.
새신자의 마음을 두드리는 도구가 될것입니다.

문자 보내기

오늘의 말씀 묵상을 새신자에게 안부인사와 함께
문자로 보내보세요. 관심은 최고의 사랑입니다.

선물하기

새신자를 생각하는 마음으로 부담 갖지 않을 작은 선물을
정성껏 준비해보세요.

새신자와 만나 식사하기

새신자와 편안히 식사하면서 오늘 하루 가까워지는 시간을
만들어보세요.

엽서 보내기

새신자를 위해 기도하는 중간 쯤 좋은 글이나
재미있는 이야기를 엽서로 보내시면 어떨까요?

추천의 글 • 4
저자의 말 • 6
이 책의 활용법 • 8

01 하나님을 아버지로 경외하라 • 14
02 자신의 명철을 의지하기를 거절하라 • 18
03 모든 일에서 하나님을 인정하라 • 22
04 주를 찾기에 갈급하라 • 26
05 하나님의 얼굴을 그리워하라 • 30
06 낙심과 불안을 버려라 • 34
07 평생을 여호와의 집에서 • 38
08 예배하는 삶을 사모하자 • 42
09 회복시켜 주시는 하나님 • 46
10 어찌 그리 사랑스러운 교회 • 50
11 사모하고, 사모해야 할 교회 • 56
12 복이 있음을 고백하는 교회 • 60
13 마음을 같이하는 지체들 • 64
14 가르침을 사모하는 무리 • 68
15 서로 섬기는 무리 • 72
16 기도의 응답을 기다림 • 76
17 기도와 찬송의 응답 • 80
18 하나님의 손을 움직이는 열쇠 • 84
19 세상의 일들을 거절함 • 88

20 하나님의 말씀을 따라 스스로 삼가라 • 92

21 걸음으로 주의 길을 굳게 지켜라 • 98

22 여호와를 신뢰하고 인정하라 • 102

23 말씀을 따르라 • 106

24 자신을 포기하고 하나님께 맡기라 • 110

25 내 친구와 내 형제처럼 • 114

26 선한 행동을 잃지 말라 • 118

27 친구가 되어주라 • 122

28 그리하면 복이 네게 임하리라 • 126

29 하나님의 사자의 교훈을 받으라 • 130

30 하나님께로 돌아가라 • 134

31 교회의 분위기가 싫어짐 • 140

32 마음을 굳게 해 주는 교회 • 144

33 거룩함에 흠이 없기를 사모하라 • 148

34 주일 성수가 귀찮아짐 • 152

35 말씀을 사모하고, 갈급해하라 • 156

36 말씀에 삶의 기초를 놓으라 • 160

37 기도가 되지 않음 • 164

38 돌아오게 하시는 하나님 • 168

39 긍휼을 베푸시는 하나님 • 172

40 위의 것을 찾으라 • 176

1

하나님을 아버지로 경외하라

"이제 하나님을 나의 아버지로 인정하고, 범사에 주를 인정한 새신자가 앞으로 영원히 주님 오실 날까지 새 삶을 살기로 작정하도록 도와야 합니다."

_____ 를 위한 첫번째 기도

....
....
....

묵상하십시오.

너는 마음을 다하여 여호와를 신뢰하고 네 명철을 의지하지 말라 너는 범사에 그를 인정하라 그리하면 네 길을 지도하시리라 | 잠언 3:5-6

너희는 다시 무서워하는 종의 영을 받지 아니하고 양자의 영을 받았으므로 우리가 아빠 아버지라고 부르짖느니라 | 로마서 8:15

너희를 영접하는 자는 나를 영접하는 것이요 나를 영접하는 자는 나를 보내신 이를 영접하는 것이니라 | 마태복음 10:40

새신자를 위한 오늘의 실천사항

1.
2.
3.

사랑이 많으신 하나님,

세상이 지어지기 전부터 ○○○ (성도)님을 구원하시기로 작정하셨던 은혜가 나타났음에 감사드립니다. 교회에 출석하여 예배를 드리면서 처음으로 느껴보는 하나님의 은혜를 즐거워하게 하시니 감사드립니다. 성령님께서 ○○○ (성도)님에게 예배드리기를 사모하는 마음을 주셨음을 찬양합니다.

우리 주님께서 십자가에서 대신 지불해주신 피 값을 통해서 죄사함을 받았으니 날마다 그 은혜를 찬송하며 지내는 ○○○ (성도)님이 되기를 바랍니다. 이제, 하나님 앞에서 하나님을 아버지로 인정하는 고백을 하게 하시옵소서.

우리를 자녀로 삼으신 하나님께서 약속하시기를, "너는 범사에 그를 인정하라. 그리하면 네 길을 지도하시리라"고 하셨습니다.

주님의 피 공로에 감격해하면서, ○○○ (성도)님이 하나님을 아버지로 부르면서 날마다의 삶을 시작하게 하시옵소서.

부족한 종에게 ㅇㅇㅇ (성도)님을 위하여 무릎을 꿇는 시간을 즐거워하게 하시고, 그가 마음을 다하여 전적으로 여호와를 의뢰하도록 중보하게 하시옵소서. 자녀들은 자기의 부모가 악한 사람일지라도 의지하는 것처럼 ㅇㅇㅇ (성도)님이 하나님을 의지하여 "너의 길을 여호와께서 맡기라. 저를 의지하면 저가 이루시고 네 의를 빛같이 나타내시며 네 공의를 정오의 빛같이 하시리로다"(시 37:5~6)라는 복을 받게 하옵소서.

예수님의 이름으로 기도드립니다. 아멘.

2

자신의 명철을 의지하기를 거절하라

"하나님보다 자신을 더 믿고 지혜롭다고 생각하는 것은 미련하고 교만한 것입니다. 겸손하게 하나님만 의지하고 따르도록 새신자에게 먼저 본이 되어야 합니다."

_____ 를 위한 두번째 기도

....
....
....

말씀으로 묵상하십시오.

스스로 지혜롭다 하며 스스로 명철하다 하는 자들은 화 있을진저 ㅣ 이사야 5:21

사람들이 너를 낮추거든 너는 교만했노라고 말하라 하나님은 겸손한 자를 구원하시리라 ㅣ 욥기 22:29

나는 마음이 온유하고 겸손하니 나의 멍에를 메고 내게 배우라 그리하면 너희 마음이 쉼을 얻으리니 ㅣ 마태복음 11:29

새신자를 위한 오늘의 실천사항

1.
2.
3.

하늘에 계신 아버지여,

여호와께 존귀한 ㅇㅇㅇ (성도)님과 그 가정을 축복합니다. 우리가 서로 주 안에서 한 지체가 되어 하나 되게 하셨음을 찬양합니다.

마음으로 하나님의 사랑을 품어 ㅇㅇㅇ (성도)님에게 다가가게 하시며, 짧은 시간이지만, 그를 위하여 두 손을 모으게 하시니 감사드립니다.

사랑하는 ㅇㅇㅇ (성도)님이 오늘을 살아가는 동안에, 하나님 앞에서 우리 스스로 지혜롭다고 생각하지 않도록 인도해 주심을 빕니다.

그의 생각이나 말에서 하나님을 신뢰하는 증거가 나타나게 하시옵소서.

하나님보다 자신을 더 지혜롭다고 생각하는 것처럼 미련하고 교만한 것은 없다는 사실을 잊지 말게 하시옵소서.

자녀들이 겸손하게 부모를 따르듯이, 하나님 앞에서 겸손하게 하나님을 따르도록 하시옵소서.

하나님은 우리보다 지혜로우시므로 우리가 생각지도 않은 길로 인도하실 때가 있으심을 고백합니다. 오늘도, 하나님께서 ○○○ (성도)님에게 좋으신 아버지가 되셔서 인도해 주시기를 바랍니다.

이 시간에, 주님의 이름으로 평안과 복을 빌 때, 하늘의 문을 여시고 응답해 주시옵소서. 흔들어 누르고, 차고 넘치도록 풍성하게 하시는 하나님의 자비하심을 바라봅니다. 오직 하늘에 마음을 두고 사는 복된 한 날이 되게 하시옵소서.
예수님의 이름으로 기도드립니다. 아멘.

3

모든 일에서 하나님을 인정하라

"새신자가 앞으로 무엇을 하든지 어디로 가든지 항상 하나님만 의지하고 인정하는 믿음의 자녀로 장성할 때까지 늘 관심과 기도로 도와야 합니다."

_____ 를 위한 세번째 기도

....
....
....

말씀으로 묵상하십시오.

그러므로 내가 범사에 모든 주의 법도들을 바르게 여기고 모든 거짓 행위를 미워하나이다 | 시편 119:128

그러므로 사람이 의롭다 하심을 얻는 것은 율법의 행위에 있지 않고 믿음으로 되는 줄 우리가 인정하노라 | 로마서 3:28

너는 진리의 말씀을 옳게 분별하며 부끄러울 것이 없는 일꾼으로 인정된 자로 자신을 하나님 앞에 드리기를 힘쓰라 | 디모데후서 2:15

새신자를 위한 오늘의 실천사항

1.
2.
3.

우리의 보호자가 되시는 여호와여,
예수님의 보혈의 은혜를 깨달아 하나님을 아버지로 부르기 시작한 ○○○ (성도)님을 생각할 때, 감사드립니다. 성령님의 감동으로 말미암아 흔들리지 않고, 믿음에 믿음을 더하기를 즐거워하게 하시니 감사드립니다.

주님의 사랑을 확인한 뒤로, 옛사람의 행실을 버리고 아침마다 새롭게 예수님의 십자가를 바라보면서 살아가는 ○○○ (성도)님에게 오늘을 위해서 예비 되어 있는 은혜를 누리게 하시옵소서.

사랑하는 지체가 무엇을 하든지, 어디로 가든지 하나님을 항상 인정하는 믿음의 사람이 되게 하시옵소서. 오늘, ○○○ (성도)님으로 말미암아 계획되어 있는 하나님의 구원역사가 이루어지기를 바랍니다.

그에게 그 자신과 가정에 대한 구원의 통로로 사용되는 비전에 도전을 받게 하시옵소서. ○○○ (성도)

님께서 그 가정에 축복의 통로가 된 사명을 감당하도록 은총을 내려 주시옵소서. 늘 하나님을 사랑하고, 범사에 여호와를 인정하는 사람이 되어서 하나님의 인도하심을 받는 가정이 되기를 소원합니다.

자녀는 언제든지 부모의 보호와 간섭을 구하며, 때로는 부모와 의논하면서 자신의 행동을 결정하기도 하듯이 ○○○ (성도)님이 하나님의 보호와 간섭하심을 소망하며, 기도를 통해서 하나님과 상의할 때, 좋은 길로 인도하심을 기다리게 하시옵소서.
예수님의 이름으로 기도드립니다. 아멘.

4

주를 찾기에 갈급하라

"지금까지 내가 지내온 것 모두 주의 사랑과 은혜입니다. 십자가에서 쏟아주신 그 보혈의 사랑으로 새신자를 더욱 사랑해야 합니다."

_____ 를 위한 네번째 기도

....
....
....

말씀으로 묵상하십시오.

하나님이여 사슴이 시냇물을 찾기에 갈급함 같이 내 영혼이 주를 찾기에 갈급하니이다 | 시편 42:1

그들이 사도의 가르침을 받아 서로 교제하고 떡을 떼며 오로지 기도하기를 힘쓰니라 | 사도행전 2:42

이로써 네 믿음의 교제가 우리 가운데 있는 선을 알게 하고 그리스도께 이르도록 역사하느니라 | 빌레몬서 1:6

새신자를 위한 오늘의 실천사항

1.
2.
3.

인애하신 하나님,

주 안에서, ○○○ (성도)님을 사랑하게 하셨음에 감사드립니다. 그의 이름을 떠올릴 때마다 하늘로부터 강권하시는 사랑을 느낍니다. 하나님께서 주시는 그 사랑으로 ○○○ (성도)님을 더욱더 사랑하게 하시옵소서.

이 사랑이 하나님의 사랑인 것을 깨닫습니다. 이 은혜가 주님께서 십자가에서 쏟아주신 보혈인 것을 깨닫습니다. 우리 주님께서 저희를 사랑하시되 끝까지 사랑하셨던 것처럼 ○○○ (성도)님을 대하게 하심을 바랍니다.

아담과 하와의 범죄로 말미암아 이 세상에는 고난과 슬픔이 떠나지 않음을 생각합니다. 이런 세상에 살다보니 수많은 고통을 맛볼 수밖에 없습니다. 그럼에도 ○○○ (성도)님을 구원해 주시고 하나님의 자녀가 되게 하셨음을 감사합니다.

목이 마른 사슴은 한 모금의 물을 그리워하며 시냇물을 찾기에 갈급해 합니다.

이 천국 백성이 된 ○○○ (성도)님에게 여호와의 은혜로 살아가기 위해서 하나님을 찾기에 갈급해하는 마음을 주시옵소서. 여호와께서 내 편이 되어 주심을 기다리게 하시옵소서.

오늘도 예비하신 하늘의 복으로 ○○○ (성도)님과 그의 가정을 보호해 주시옵소서.

성도의 교제를 나누면서 예배하게 하셨으니 이 가정의 지체들이 아브라함의 제단에 내려진 복을 받게 하시옵소서.

예수님의 이름으로 기도드립니다. 아멘.

5

하나님의 얼굴을 그리워하라

"매일 매일 하나님을 향한 사랑이 새로워지게 하시고, 나보다 연약한 새신자를 위해 기도의 끈을 하루라도 놓지 말아야 합니다."

_____ 를 위한 다섯번째 기도

....
....
....

말씀으로 묵상하십시오.

나의 영혼아 잠잠히 하나님만 바라라 무릇 나의 소망이 그로부터 나오는도다 | 시편 62:5

내가 여호와께 바라는 한 가지 일 그것을 구하리니 곧 내가 내 평생에 여호와의 집에 살면서 여호와의 아름다움을 바라보며 그의 성전에서 사모하는 그것이라 | 시편 27:4

나는 너희를 위하여 기도하기를 쉬는 죄를 여호와 앞에 결단코 범하지 아니하고 선하고 의로운 길을 너희에게 가르칠 것인즉 | 사무엘상 12:23

새신자를 위한 오늘의 실천사항

1.
2.
3.

얼굴을 내밀어 주시는 하나님,
아침이 새롭게 시작되듯이, ㅇㅇㅇ (성도)님에게 하나님을 향하는 사랑이 새로워지게 하시옵소서. 하나님의 이름을 아버지로 부를 때, 그의 마음이 새롭게 되기를 바랍니다. 하늘로부터 내려오는 은혜에 소망을 하는 아침을 주시옵소서.

사람은 자신이 바라는 것에 마음을 두게 됨을 고백합니다. 늘 하나님만 바라고, 하나님의 간섭하심을 기다리는 ㅇㅇㅇ (성도)님이 되게 하시옵소서.
사랑하는 ㅇㅇㅇ (성도)님이 오늘을 살아가실 때, 아버지가 되어 주시는 하나님을 바라는 복된 날로 이끌어 주시기를 원합니다.
이로써 그 자신이 하나님의 자녀가 되었다는 증거를 확인하게 하시옵소서.

우리 하나님 앞에서 ㅇㅇㅇ (성도)님과 그 가정에 속해 있는 지체들이 믿음의 가정을 이루어 나가도록 역사 하여 주시옵소서. 옥토의 심령을 지니고, 반석

같은 믿음의 처소를 이루어 가게 하시옵소서. 날마다 하늘의 신령한 은혜와 이 땅에서의 기름진 것으로 채워주시옵소서.

이에, 여호와의 은혜를 구하는 목마름으로 하나님께 매달리도록 하시옵소서.

하나님께서는 사모하는 영혼을 만족케 하시는 증거가 그의 것이 되게 하시옵소서. 그리하여 하나님의 은혜로 심령이 풍성해지고, 죄악의 유혹을 넉넉하게 물리치게 하시옵소서.

예수님의 이름으로 기도드립니다. 아멘.

6

낙심과 불안을 버려라

"살다보면 소외되고, 내 자신의 무능력함과 실패한 모습에 낙심을 하게 됩니다. 그러나 그런 나를 여전히 사랑하시고 도우시며 복 주시는 하나님을 기대해야 합니다."

_____ 를 위한 여섯번째 기도

....
....
....

말씀으로 묵상하십시오.

내가 산을 향하여 눈을 들리라 나의 도움이 어디서 올까 나의 도움은 천지를 지으신 여호와에게서로다 | 시편 121:1-2

여호와는 그의 얼굴을 네게 비추사 은혜 베푸시기를 원하며 | 민수기 6:25

내 영혼아 네가 어찌하여 낙심하며 어찌하여 내 속에서 불안해 하는가 너는 하나님께 소망을 두라 나는 그가 나타나 도우심으로 말미암아 내 하나님을 여전히 찬송하리로다 | 시편 42:11

새신자를 위한 오늘의 실천사항

1.
2.
3.

인생을 주관하시는 하나님,

오늘, 하늘의 문을 여시고, ㅇㅇㅇ (성도)님께 복을 내려 주시옵소서.

우리의 시민권은 하늘에 있으나 이 땅에서 죄의 결과로 말미암은 고통의 삶을 오직 주님이 주시는 은혜로써 이길 수 있음을 깨닫게 해주시고, 은혜를 내려 주시기를 바랍니다.

염려와 실패 속에서는 좌절하지 않게 하시고, 항상 좋은 것으로 기쁨이 되게 하여 주시옵소서.

힘든 일들을 만날 때마다 만나와 메추라기의 기적을 보게 하시옵소서. 때마다, 일마다 나를 도우시는 하나님께 찬양을 드리는 귀한 가정이 되게 하시옵소서.

사랑하는 ㅇㅇㅇ (성도)님이 기도의 인내함으로 하루, 하루의 삶을 살아가도록 이끌어 주시옵소서.

죄의 형벌로 말미암아 하나님의 심판 아래 놓여진 이 땅에서의 삶은 낙심하게 하고, 불안하게 하지만 우리에게 소망이 있음을 깨달아 하나님을 바라봅니다. 나 자신을 의지하는 게 아니라 하나님만을 의지하게 하옵소서.

사실 저희가 사회적으로 소외되고, 무능하며, 실패한 자신을 생각하면 낙심하게 됩니다.

그럼에도 불구하고 여전히 나를 사랑하시고 도우시는 하나님을 기대합니다. 하나님은 우리에게 보장이 되시고, ○○○ (성도)님에게 든든함이 되어 주심을 믿사오니 그의 영혼과 육체를 지켜 주시옵소서.

예수님의 이름으로 기도드립니다. 아멘.

7

평생을 여호와의 집에서

"새신자의 믿음을 위하여 기도를 시작한 우리의 모습을 하나님께서는 기뻐하십니다. 계속해서 하나님의 뜻대로 성령님이 주시는 은혜로 간구해야겠습니다."

_____ 를 위한 일곱번째 기도

....
....
....

말씀으로 묵상하십시오.

내가 여호와께 바라는 한 가지 일 그것을 구하리니 곧 내가 내 평생에 여호와의 집에 살면서 여호와의 아름다움을 바라보며 그의 성전에서 사모하는 그것이라 | 시편 27:4

그리스도 예수 안에서 너희에게 주신 하나님의 은혜로 말미암아 내가 너희를 위하여 항상 하나님께 감사하노니 | 고린도전서 1:4

그러나 내가 나 된 것은 하나님의 은혜로 된 것이니 내게 주신 그의 은혜가 헛되지 아니하여 내가 모든 사도보다 더 많이 수고하였으나 내가 한 것이 아니요 오직 나와 함께 하신 하나님의 은혜로라 | 고린도전서 15:10

새신자를 위한 오늘의 실천사항

1.
2.
3.

자비로우신 하나님,

영혼이 잘 됨 같이 범사가 잘 되고, 강건하기를 원하시는 하나님의 은혜가 ○○○ (성도)님과 그 가정에 넘치기를 소망합니다. 귀한 지체가 예수님을 영접한 날부터 이제까지 하나님의 은혜와 사랑이 넘친 것에 감사드립니다.

성령님께서 저를 감동시키셔서 ○○○ (성도)님을 위하여 간구하게 하시니, 이 시간에 빌 바를 다 간구하게 하시옵소서. 먼저, 그를 위하여 축복합니다.

그의 오늘이 하나님을 주목하는 복된 삶이 되게 하시옵소서. 하늘에서 이루어진 하나님의 뜻이 그의 삶 속에서도 그대로 이루어지기를 바랍니다.

자녀의 가장 행복한 시간은 부모와 함께 집에서 평안히 지내는 순간임을 기억합니다. ○○○ (성도)님에게 주님께서 동행하셔서, 복스러운 한 날이 되게 하시옵소서. 어디를 가든지, 무엇을 하든지 여호와의 동행을 느끼며 사는 한 날이 되게 하시옵소서.

그리하여 하나님의 품 안에서 평안과 확신을 누리는 은혜를 보게 하시옵소서. 이 은혜로 말미암아 평생 동안 여호와 앞에서 살려는 소원도 사모하는 지체가 되기를 원합니다.

ㅇㅇㅇ (성도)님에게 일생 동안 하나님의 전에 거하며, 하나님의 은혜를 묵상하고 그 은혜를 구하려는 소원을 자기의 것으로 삼게 하시옵소서.

언제나 교회를 가까이 하고, 날마다의 삶이 하나님의 은총으로 말미암는 복을 허락하시옵소서.

예수님의 이름으로 기도드립니다. 아멘.

8

예배하는 삶을 사모하자

"다윗의 평생소원은 하나님 전에 거하면서 하나님께 예배드리며 하나님을 가까이 하는 것이었습니다. 이러한 다윗의 마음이 이제 나와 새신자의 마음에도 전달되어야 합니다."

_____ 를 위한 여덟번째 기도

....
....
....

말씀으로 묵상하십시오.

나의 왕, 나의 하나님, 만군의 여호와여 주의 제단에서 참새도 제 집을 얻고 제비도 새끼 둘 보금자리를 얻었나이다 | 시편 84:3

너희는 이 세대를 본받지 말고 오직 마음을 새롭게 함으로 변화를 받아 하나님의 선하시고 기뻐하시고 온전하신 뜻이 무엇인지 분별하도록 하라 | 로마서 12:2

아버지께 참되게 예배하는 자들은 영과 진리로 예배할 때가 오나니 곧 이 때라 아버지께서는 자기에게 이렇게 예배하는 자들을 찾으시느니라 | 요한복음 4:23

새신자를 위한 오늘의 실천사항

1.
2.
3.

영원히 영광을 받으실 여호와여,

창세 전부터 ㅇㅇㅇ (성도)님에 대한 구원을 계획하신 하나님의 사랑을 묵상합니다.

구원에 이를 때가 되어서 그에게 예수님을 구주로 모셔 들이게 하시고, 하나님을 아버지로 부르게 하셨음을 즐거워합니다.

이 시간에, ㅇㅇ 교회의 권속이 되신 ㅇㅇㅇ (성도)님을 축복합니다. 그에게 하나님을 사랑하며 교회를 좋게 여기는 마음을 주시니 감사드립니다. 예수님을 구주로 영접한 그 날부터 교회를 사랑하게 하신 성령님을 찬양합니다.

사랑하는 지체가 예배를 존귀하게 여기게 하시며, 하나님의 이름에 합당한 찬양 드림을 사모하게 하시옵소서.

다윗의 유일한 소원은 그가 사는 평생 동안 하나님의 전에 거하며, 하나님과 친밀한 교제를 갖는 것이었습니다. 다윗의 마음을 ㅇㅇㅇ (성도)님이 자기의 것으로 삼게 하시옵소서.

 하나님께서 그에게 사모해야 할 처소를 한 곳 더 주셨으니 곧 교회를 자기의 집처럼 여기게 하시옵소서. 그가 교회를 가까이 하는 동안에 환난 날에 그의 피난처가 되어 주시는 은혜를 주시옵소서.

 성전에 깃들일 수 있는 제비와 참새를 부러워했던 다윗의 마음을 ○○○ (성도)님에게 내려 주시옵소서. 그리하여 살아가는 동안에, 극한 곤경 중에서도 대적에게 마음을 빼앗기지 않게 하시옵소서.
 예수님의 이름으로 기도드립니다. 아멘.

9

회복시켜 주시는 하나님

"하나님의 사랑 안에서 새신자를 섬기게 하셨습니다. 새신자가 교회에 출석하는 것에 그치지 않고, 주님을 닮는 그날까지 계속해서 중보하는 은혜가 넘쳐야 합니다."

_____ 를 위한 아홉번째 기도

....
....
....

말씀으로 묵상하십시오.

그러므로 주께서 그들을 대적의 손에 넘기사 그들이 곤고를 당하게 하시매 그들이 환난을 당하여 주께 부르짖을 때에 주께서 하늘에서 들으시고 주의 크신 긍휼로 그들에게 구원자들을 주어 그들을 대적의 손에서 구원하셨거늘 | 느헤미야 9:27

주의 구원의 즐거움을 내게 회복시켜 주시고 자원하는 심령을 주사 나를 붙드소서 | 시편 51:12

여호와 나의 힘, 나의 요새, 환난날의 피난처시여 민족들이 땅 끝에서 주께 이르러 말하기를 우리 조상들의 계승한 바는 허망하고 거짓되고 무익한 것뿐이라 | 예레미야 16:19

새신자를 위한 오늘의 실천사항

1.
2.
3.

우리의 기도에 귀를 기울이시는 주여,

하나님의 사랑 안에서 ○○○ (성도)님을 섬기게 하셨음에 감사드립니다.

그를 위하여 기도하는 마음을 주시고, 그를 위해 간구했던 시간들이 도리어 저에게 은혜가 풍성했음을 고백합니다. 그가 교회에 출석하는 것에 그치지 않고, 주님을 닮는 그날까지 중보하도록 은혜를 주시옵소서.

영생을 주시는 은총으로 ○○○ (성도)님께서 평생의 소원을 품게 하시니 감사드립니다. 하나님을 사랑하고, 기도에 쉬지 않으며 예배하는 삶을 살아가기를 소원하게 하시옵소서.

아침마다 하나님의 은혜를 구하게 하시고, 하루를 지내면서 구한대로 응답을 받아 복되게 살아가게 하시옵소서.

사랑하는 ○○○ (성도)님이 앞으로 살아가는 동안에, 하나님은 우리가 환난을 당할 때에 피할 도피성이 되어 주시고, 하나님께서는 사랑하시는 자녀들을 은밀할 곳에 숨겨서 곤경의 바람으로부터 안전하게 지켜 주심을 경험하게 하시옵소서.

혹시라도, 지금 당장 어려움을 겪고 있다면 오직 감사와 간구하는 중에 하나님의 도우시는 손길을 기다리게 하시옵소서.

그리하여 그를 곤란으로 몰고 가려는 대적들이 보는 앞에서 다시 영광을 회복시켜 주시기를 바랍니다.

예수님의 이름으로 기도드립니다. 아멘.

10

어찌 그리 사랑스러운 교회

"우리는 교회 안에서 함께 신앙생활하며 서로 지체로서 섬기며 사랑합니다. 지금의 기도가 쌓여 이제 교회 안에서 하나님의 영광을 나타내고 믿음이 견고하여지도록 합시다."

_____ 를 위한 열번째 기도

....
....
....

말씀으로 묵상하십시오.

하나님이여 위엄을 성소에서 나타내시나이다 이스라엘의 하나님은 그의 백성에게 힘과 능력을 주시나니 하나님을 찬송할지어다 | 시편 68:35

이에 여러 교회가 믿음이 더 굳건해지고 수가 날마다 늘어가니라 | 사도행전 16:5

여호와 우리 주여 주의 이름이 온 땅에 어찌 그리 아름다운지요 주의 영광이 하늘을 덮었나이다 | 시편 8:1

새신자를 위한 오늘의 실천사항

1.
2.
3.

좋은 것으로 채워주시는 하나님,
우리 주님의 이름으로 ○○○ (성도)님과 복된 가정을 위하여 기도합니다. 저는 어리석어서 그를 위하여 다 빌 바를 알지 못하나, 성령님께서 이 시간에 빌 바를 알려 주시고 간구하게 하시옵소서.

하늘의 문을 여시고 큰 복을 내려 주시옵소서. ○○교회의 새 식구가 되어 지체로 섬기게 된 ○○○ (성도)님을 사랑하게 하시니 감사드립니다.
오늘 이 시간의 간구를 통해서 저희들이 주 안에서 하나가 되게 하셨음에 영광을 올려 드립니다.

믿음의 생활을 시작하신 ○○○ (성도)님에게 하나님을 만나는 장소로써 교회를 받아들이게 하시옵소서. 하나님께서는 자기 백성에게 성소를 짓도록 하시고, 그곳에 계시겠다고 하셨습니다.
성소에서 자기 백성을 만나 주시는 하나님의 은총이 ○○○ (성도)님께도 경험되기를 원합니다.

이로써, 교회는 사람들의 공동체이지만, 하나님이 계시는 거룩한 장소임을 깨닫는 은혜를 주시옵소서. 그 은혜로 주님의 교회가 사랑스럽다고 고백하게 하시옵소서. 마귀의 역사로 교회에 대한 회의가 스며올 때, 성령님께서 물리쳐 주시옵소서.

  우리와 함께 ○○○ (성도)님도 하나님께서 영광을 받으시는 교회를 사랑하게 하시옵소서.
  그의 교회를 향한 사랑이 바로 하나님께 바치는 사랑으로 경험되게 하시옵소서. 마음을 다하여 교회를 사랑하는 저희들이 되게 하시옵소서.
  예수님의 이름으로 기도드립니다. 아멘.

새신자를 위한 아름다운 기도

날짜	새신자이름	기 도 제 목

Prayer

새신자에게 알려줘야 하는 신앙지식

기도란

- 기도는 성령의 인도하심을 따라 해야 합니다.(롬 8:26~27)
- 기도는 믿음으로 해야 합니다.(히 11:6)
- 기도는 꾸준히 해야 합니다.(눅 18:1~8, 눅 11:1~13)
- 기도는 겸손하게 해야 합니다.(대하7:14)
- 기도는 먼저 회개하는 것으로 시작해야 해야 합니다.(대하 7:14)
- 기도는 하나님의 뜻을 따라 해야 합니다.(롬 8:27)
- 기도는 먼저 다른 사람을 용서한 후에 해야 합니다.(막 11:25)
- 기도는 반드시 응답된다는 확신을 가지고 해야 합니다.(막 11:24)
- 기도는 계명을 잘 지키면서 해야 합니다.(요일 3:22)
- 기도는 예수 그리스도 안에서 해야됩니다.(요 15:17)
- 기도는 예수 그리스도의 이름으로 해야 합니다.(요 16:24)
- 기도는 가(yes), 부(no), 기다리라는 세 가지 형태의 응답이 있습니다.
- 기도는 경배, 고백, 감사, 간구의 ACTS 순서로 합니다.
- 기도는 하나님과의 대화의 핵심입니다.

11

사모하고,
사모해야 할 교회

"교회는 우리가 영원히 사모해야 할 집입니다. 교회에서 나와 새신자를 위하여 은혜를 베푸시는 하나님을 경험하도록 간구해야 합니다."

_____ 를 위한 열한번째 기도

....
....
....

말씀으로 묵상하십시오.

내 영혼이 여호와의 궁정을 사모하여 쇠약함이여 내 마음과 육체가 살아 계시는 하나님께 부르짖나이다 | 시편 84:2

성전을 위하여 준비한 이 모든 것 외에도 내 마음이 내 하나님의 성전을 사모하므로 내가 사유한 금, 은으로 내 하나님의 성전을 위하여 드렸노니 | 역대상 29:3

내가 여호와께 바라는 한 가지 일 그것을 구하리니 곧 내가 내 평생에 여호와의 집에 살면서 여호와의 아름다움을 바라보며 그의 성전에서 사모하는 그것이라 | 시편 27:4

새신자를 위한 오늘의 실천사항

1.
2.
3.

교회로 가까이 이끄시는 여호와여,

오늘도 하나님의 자비하심이 ○○○ (성도)님에게 나타나 성령님의 충만함이 넘쳐나길 간절히 소원합니다. 이제까지 그리 하였던 것처럼 주의 자녀로 살아가고자 할 때, 하나님의 말씀으로 위로를 받게 하시옵소서.

○○○ (성도)님께서 하나님을 아버지로 사랑할 때, 그를 하나님께서 만나 주시며, 복을 베풀어 주시옵소서. ○○ 교회에서 신앙생활 할 때에 날마다 새로운 깨달음을 얻게 하시고, 좋은 신앙의 멘토도 만나게 하여 주시기 원합니다.

○○○ (성도)님께 하나님을 사랑하는 마음을 주시고, 하나님께서 함께 해 주시는 ○○ 교회를 가까이 하려는 마음을 갖게 하여 주시옵소서.

사탄이 틈을 타서 그에게 교회에 대한 방해를 하지 못하도록 막아 주시옵소서. 성령님께서 충만하게 그를 다스려 주시옵소서.

○○○ (성도)님이 생활속에서 하나님을 찾을 때, 만나주시고, 함께 하시는 기쁨을 누리게 하시옵소서. 그가 교회를 사모하는 마음을 가질 때, 불이 붙는 마음을 주시옵소서.

다윗과 같이 여호와의 궁정을 사모하는 열심을 갖게 하시기를 원합니다. 우리에게는 교회가 영원히 사모해야 할 나의 집임을 고백하게 하시옵소서. 교회에서 그를 위하여 은혜를 베풀어 주시는 하나님을 경험하게 하시옵소서.

예수님의 이름으로 기도드립니다. 아멘.

12

복이 있음을 고백하는 교회

"주의 자녀로 구원을 얻은 우리를 사탄은 틈나는 대로 삼키려고 우는 사자와 같이 덤벼듭니다. 늘 깨어서 기도하고 사탄에게 틈을 주지 않도록 해야 합니다."

_____ 를 위한 열두번째 기도

....
....
....

말씀으로 묵상하십시오.

내가 그들과 화평의 언약을 세워서 영원한 언약이 되게 하고 또 그들을 견고하고 번성하게 하며 내 성소를 그 가운데에 세워서 영원히 이르게 하리니 | 에스겔 37:26

마귀에게 틈을 주지 말라 | 에베소서 4:27

근신하라 깨어라 너희 대적 마귀가 우는 사자 같이 두루 다니며 삼킬 자를 찾나니 | 베드로전서 5:8

새신자를 위한 오늘의 실천사항

1.
2.
3.

나의 주, 나의 하나님,

오늘도 머리를 숙일 때, ○○○ (성도)님의 이름을 저의 입술에 담게 하시니 감사드립니다.

주 안에서 그를 사랑하게 하시고, 주님의 보혈로 맺어진 지체로서 받아들이게 하셨으니 섬기게 하시옵소서.

○○○ (성도)님께서 믿음의 생활을 시작하고, 지금까지는 잘 지냈으나 마귀가 두루 삼킬 자를 찾아 우는 사자와 같이 덤벼들고 있으니 성령님으로 무장하여 물리치게 하시옵소서. 사탄에게 틈을 주는 일이 없게 하시옵소서.

○○○ (성도)님에게 교회를 중심으로 살기로 이제 작정하였사오니, 그에게 지혜를 주시고, 능력을 주시옵소서.

성도로 구별된 이들이 모여서 하나님께서 베풀어 주신 은총에 감사하고, 그 이름을 찬송할 때, ○○○ (성도)님에게도 언제나 여호와의 이름에 합당한 찬송을 올려드리려는 소원을 품게 하시옵소서. 삶의 현장에서 힘들고, 지치게 되었던 상황들이 주님 안에서 회복되는 은혜를 즐거워하게 하시옵소서.

이 시간에, 세상을 살아가면서 여러 가지의 상황들에 부딪칠 때, 사람의 힘으로 풀려지지 않는 문제들이 해결되는 복을 받게 하시옵소서.

나아가 무시로 기도하는 것들이 응답되어서 범사에 형통함을 보는 은혜를 내려 주시옵소서.
예수님의 이름으로 기도드립니다. 아멘.

13

마음을 같이하는 지체들

"초대교회는 서로 교제하며 나누며, 기도하기를 힘썼습니다. 교회 안에서 우리 성도들이 초대교회를 본 받고 새신자가 그리스도의 장성한 분량에 이르기까지 기도를 계속 해야 합니다."

_____ 를 위한 열세번째 기도

....
....
....

말씀으로 묵상하십시오.

그들이 사도의 가르침을 받아 서로 교제하고 떡을 떼며 오로지 기도하기를 힘쓰니라 | 사도행전 2:42

우리가 다 하나님의 아들을 믿는 것과 아는 일에 하나가 되어 온전한 사람을 이루어 그리스도의 장성한 분량이 충만한 데까지 이르리니 | 에베소서 4:13

서로 돌아보아 사랑과 선행을 격려하며 | 히브리서 10:24

새신자를 위한 오늘의 실천사항

1.
2.
3.

하나님 아버지,

사랑하는 ○○○ (성도)님과 그 가정의 지체들에게 여호와의 임재를 소망하게 하시니 감사드립니다. 오늘 그와 그의 가정을 축복합니다.

그를 위해서 예비 되어 있는 풍성한 복을 내려 주시옵소서.

구원을 받은 성도들이 교회를 이루게 됨을 믿습니다. 교회에서 경험되는 말씀의 가르침과 성도들의 교제로 말미암아 ○○○ (성도)님이 천국 백성의 신비를 즐기기 원합니다.

구원 이후에 경험하게 되는 하나님의 은혜가 그에게 임하여 성도들과의 친교도 그리워하게 하시옵소서.

우리가 함께 하고 있는 ○○ 교회가 이 땅에서 주님의 몸이 되어 그 은혜의 영광에 들어가게 하시옵소서. 예수님의 보혈로 말미암아 한 지체가 되어서 예배하게 하셨음에 찬미하게 하시옵소서.

성령님께서 우리를 모이도록 하셨음을 고백합니다. 성령님의 감동하심에 따라 모이기를 즐거워하는 저희가 되게 하시옵소서.

믿는 사람들이 다 함께 있었던 초대교회 공동체의 사랑을 저희가 나누게 하시옵소서. 주 안에서의 친교가 하나님과 성도간의 온전한 관계를 이루어 교회를 교회 되게 하는 영광의 즐거움에 들어가게 하시옵소서.

오늘, 저에게 먼저 믿는 자로서 믿음의 본을 보이며 ○○○ (성도)님이 그리스도의 장성한 분량에 이르기까지 기도를 계속하게 하시옵소서.
예수님의 이름으로 기도드립니다. 아멘.

14

가르침을 사모하는 무리

"주님 때문에서 서로가 이 땅에서 사는 날 동안 우리는 사랑으로 섬기는 지체들이 되었습니다. 새신자와 더불어 사랑과 희락의 공동체가 되어야 하겠습니다."

_____ 를 위한 열네번째 기도

....
....
....

말씀으로 묵상하십시오.

너희를 불러 그의 아들 예수 그리스도 우리 주와 더불어 교제하게 하시는 하나님은 미쁘시도다 | 고린도전서 1:9

모든 사람과 더불어 화평함과 거룩함을 따르라 이것이 없이는 아무도 주를 보지 못하리라 | 히브리서 12:14

또 우리 사람들도 열매 없는 자가 되지 않게 하기 위하여 필요한 것을 준비하는 좋은 일에 힘 쓰기를 배우게 하라 | 디도서 3:14

새신자를 위한 오늘의 실천사항

1. ....
2. ....
3. ....

여호와 우리 주여,

전에는 알지도 못했던 ○○○ (성도)님을 주님의 십자가 아래에서 만나게 하시니 감사드립니다. 우리가 예수님을 몰랐더라면, 우리가 하나님을 아버지로 부르지 않았더라면 그를 만나지도 못했을 것입니다.

십자가에서 흘리신 주님의 보혈이 우리 안에 흘러서 한 지체로 살 되, 뜨거운 사랑으로 지내게 하시옵소서. 주님의 은혜로 저희가 ○○ 교회의 존귀한 지체가 되었음을 감사하게 하시옵소서. 이 땅에서 저희가 하나됨을 누리도록 주신 교회 안에서 ○○○ (성도)님을 섬기게 하시옵소서.

저희 서로가 이 땅에서 사는 날 동안에 사랑으로 섬기기를 더하게 하시옵소서. 주님의 보혈로 맺어진 지체들이 되었으니 희락의 공동체가 되게 하심을 빕니다.

○○○ (성도)님의 이름을 부를 때, 하나님께 영광

이 되기를 원합니다. 저의 작은 입술로 ○○○ (성도)님을 축복할 때, 하나님께는 받으실 만한 영광이 되시옵소서. 이로써 초대교회의 성도들처럼 사도들에게 가르침을 받으면서, 함께 교제하며 떡을 나누는 사랑으로 들어가게 하시옵소서.

하나님의 말씀이 없는 교제는 사랑의 공동체를 만들지 못한다는 것을 깨닫습니다. 말씀의 가르침에서 서로를 섬기면서 필요를 채워주게 되는 저희가 되게 하시옵소서. 주님의 사랑이 저희들의 사랑이 되어 서로 섬기게 하시옵소서.

예수님의 이름으로 기도드립니다. 아멘.

15

서로 섬기는 무리

"예수님께서는 우리에게 사랑의 본을 보여주셨습니다. 예수님께서 우리를 사랑하신 것 같이 우리도 서로 사랑하며 섬기면서 주님이 주신 새 계명을 따라야겠습니다."

_____ 를 위한 열다섯번째 기도

....
....
....

말씀으로 묵상하십시오.

너희 중에는 그렇지 않을지니 너희 중에 누구든지 크고자 하는 자는 너희를 섬기는 자가 되고 너희 중에 누구든지 으뜸이 되고자 하는 자는 모든 사람의 종이 되어야 하리라 | 마가복음 10:43-44

병든 자를 고치며 죽은 자를 살리며 나병환자를 깨끗하게 하며 귀신을 쫓아내되 너희가 거저 받았으니 거저 주라 | 마태복음 10:8

새 계명을 너희에게 주노니 서로 사랑하라 내가 너희를 사랑한 것 같이 너희도 서로 사랑하라 | 요한복음 13:34

새신자를 위한 오늘의 실천사항

1.
2.
3.

하늘에 계신 하나님,

시간을 구별해서 하나님을 찾게 하시니 감사드립니다. 저의 마음을 확정하여 ○○○ (성도)님을 위한 기도의 시간을 지키도록 하신 은혜를 즐거워합니다.

저의 심령을 간구의 영으로 이끄시니 머리를 숙입니다. 성령님의 이끌어 주심에 따라 그를 위하여 다 간구하게 하시옵소서.

주님의 사랑으로 그를 섬김으로써 믿음의 본을 그에게 보이게 하시옵소서. 이로써 교회의 사랑을 친히 전하게 하시기를 원합니다.

초대교회의 신비는 "모든 물건을 서로 통용하고 또 재산과 소유를 팔아 각 사람의 필요를 따라 나눠주는 일"에서 나타났습니다.

이제, ○○○ (성도)님도 교회를 통하여 제 것으로 서로 섬기는 은혜에 들어가게 하시옵소서. 자기의 것으로 남을 섬김으로써 주님의 은혜를 공유하게 하시옵소서.

성령님께 충만해진 성도들이 서로 섬기게 되었으며, 필요를 채워주는 사랑을 경험하였던 것을 ○○○(성도)님도 누리게 하시옵소서.

교회에 모여 지체를 섬기는 것을 즐거이 여기도록 하시옵소서. 거저 받은 은혜를 거저 베풀게 하시옵소서.

오늘, ○○○ (성도)님께 하늘의 문이 열리고, 성령님의 충만하심이 함께 하길 바랍니다. 그의 가정에 속해 있는 식구들에게도 하나님께서 주시는 기쁨으로 충만하게 하시옵소서. 여호와 앞에서 의의 가정을 이루어 가게 하시옵소서.

예수님의 이름으로 기도드립니다. 아멘.

16

기도의 응답을 기다림

"우리의 기도는 놀라운 역사를 가져옵니다. 믿음을 가지고 하는 기도는 산도 옮길 수 있다고 하였습니다. 기도 중에 맺어질 열매를 기다리며 하나님만 바라보십시오."

_____ 를 위한 열여섯번째 기도

....
....
....

말씀으로 묵상하십시오.

한밤중에 바울과 실라가 기도하고 하나님을 찬송하매 죄수들이 듣더라 이에 갑자기 큰 지진이 나서 옥터가 움직이고 문이 곧 다 열리며 모든 사람의 매인 것이 다 벗어진지라 | 사도행전 16:25-26

너희 중에 고난당하는 자가 있느냐 그는 기도할 것이요 즐거워하는 자가 있느냐 그는 찬송할지니라 | 야고보서 5:13

나의 영혼이 잠잠히 하나님만 바람이여 나의 구원이 그에게서 나오는도다 | 시편 62:1

새신자를 위한 오늘의 실천사항

1.
2.
3.

세상을 다스리시는 주여,

하나님의 은혜 안에서 ○○○ (성도)님이 믿음으로 살게 하시니 감사드립니다. ○○ 교회의 한 지체가 된 그날부터 오늘까지 온전히 자라가게 하심을 즐거워합니다.

그가 구원의 은혜에 감사하면서 주님의 장성함에 이르게 하시옵소서. 날마다 은혜의 보좌 앞으로 나아가게 하시옵소서.

이 시간에는 하나님께서 우리에게 주신 선물 두 가지인 기도와 찬송을 묵상합니다.

사랑하는 ○○○ (성도)님이 하나님께서 베풀어 주신 은혜에 대한 인간의 응답이 바로 기도와 찬송임을 깨닫게 하시기를 원합니다. 그리고 기도와 찬송을 통하여 자신에게 필요한 은혜를 하늘의 아버지께 요청하는 지혜를 주시옵소서.

바울이 복음을 전하다가 억울하게 감옥에 갇혔을 때, 실라와 함께 감옥에서 기도와 찬송을 올려 드렸습니다. 감옥에 갇히게 되었어도 바울과 실라는 기도와 찬송을 불렀습니다. 이 은혜가 ○○○ (성도)님의 것이 되게 하시옵소서.

    때때로 하나님께서는 우리에게 기도의 시간을 갖게 하심을 믿습니다.
    또한 우리에게 아무 것도 할 수 없는 환경을 만드시고 찬송하게 하심도 믿습니다. ○○○ (성도)님이 기도와 찬송으로 살아가는 은혜의 주인공이 되게 하시옵소서.
    예수님의 이름으로 기도드립니다. 아멘.

17

기도와 찬송의 응답

"내가 일할 때에는 그냥 내가 하는 일이지만, 우리가 기도할 때에는 하나님께서 일하시고 계십니다. 하나님께서 우리를 대신하여 일을 해주신다는 것에 소망을 두어야 합니다."

_____ 를 위한 열일곱번째 기도

....
....
....

말씀으로 묵상하십시오.

하나님을 찬송하리로다 그가 내 기도를 물리치지 아니하시고 그의 인자하심을 내게서 거두지도 아니하셨도다 | 시편 66:20

항상 기뻐하라 쉬지 말고 기도하라 범사에 감사하라 이것이 그리스도 예수 안에서 너희를 향하신 하나님의 뜻이니라 | 데살로니가전서 5:16-18

내가 또 너희에게 이르노니 구하라 그러면 너희에게 주실 것이요 찾으라 그러면 찾아낼 것이요 문을 두드리라 그러면 너희에게 열릴 것이니 | 누가복음 11:9

새신자를 위한 오늘의 실천사항

1.
2.
3.

신실하신 나의 하나님,

○○○ (성도)님과 저희들에게 하나님의 손을 움직일 수 있는 열쇠를 주셔서 감사드립니다. 사랑하는 지체가 기도로 지내게 하시고, 감사로 고백하며 하나님을 찾게 하시니 감사드립니다.

주 안에서 서로 섬기며 한 가족이 되어 하늘의 영광에 주목하는 기쁨에 감격합니다.

이 세상에서 지내는 동안에, 우리는 넘어지거나 자빠질 수 있음에도 하나님의 붙들어 주심을 믿으며 소망을 갖습니다. 세상의 삶이 때로는 어렵고 힘들더라도 ○○○ (성도)님이 결코 낙심하지 않게 하시니 감사드립니다.

바울과 실라의 기도와 찬송에 옥 터에 지진이 나고, 그들을 매었던 것이 풀려졌던 것과 같이 ○○○ (성도)님에게도 은혜를 내려 주시옵소서.

아버지가 대신해서 해 줄 때, 어떤 자녀든지 자신보다 큰일을 할 수 있음을 믿습니다.

하나님께서 ○○○ (성도)님을 대신하여 일을 해주신다는 것에 소망을 두게 하시옵소서.

하나님께서는 우리의 삶에 들어오셔서 일을 해 주시기를 기다리며 기도하게 하시옵소서.

하나님의 사랑을 받고 있는 ○○○ (성도)님이 기도하게 하시며, 찬송을 부르게 하시니 참으로 감사드립니다.

어떤 어려움이 저희에게 닥쳐와도 기도하는 혀를 막지 못하고, 찬송하는 입술을 닫지 못함을 믿습니다. 저희에게 늘 기도와 찬송으로 살아가고자 결단하게 하시옵소서.

예수님의 이름으로 기도드립니다. 아멘.

18

하나님의 손을 움직이는 열쇠

"곤고할 때에 기도하고, 기쁠 때에 찬송하라고 하셨습니다. 우리 삶 속에 어떤 어려움이 닥쳐올지라도 기도와 찬송이 끊이지 않아야 합니다. 왜냐하면 하나님께만 소망이 있습니다."

_____ 를 위한 열여덟번째 기도

....
....
....

말씀으로 묵상하십시오.

그러면 어떻게 할까 내가 영으로 기도하고 또 마음으로 기도하며 내가 영으로 찬송하고 또 마음으로 찬송하리라 | 고린도전서 14:15

무릇 시온에서 슬퍼하는 자에게 화관을 주어 그 재를 대신하며 기쁨의 기름으로 그 슬픔을 대신하며 찬송의 옷으로 그 근심을 대신하시고 그들이 의의 나무 곧 여호와께서 심으신 그 영광을 나타낼 자라 일컬음을 받게 하려 하심이라 | 이사야 61:3

너는 기도할 때에 네 골방에 들어가 문을 닫고 은밀한 중에 계신 네 아버지께 기도하라 은밀한 중에 보시는 네 아버지께서 갚으시리라 | 마태복음 6:6

새신자를 위한 오늘의 실천사항

1.
2.
3.

우리의 부르짖음이 되시는 주여,

하나님의 사랑을 받고 있는 ㅇㅇㅇ (성도)님에게 기도하게 하시며, 찬송을 부르게 하시니 참으로 감사드립니다. 예수님을 구주로 영접한 그 날부터, 기도 안에서 살아가게 하심을 기뻐합니다.

이제는 찬송의 곡조도 틀리지 않고, 찬양의 영광을 누리게 하심에 감사드립니다.

이 땅에서 지내는 동안에, 어떤 어려움이 저희에게 닥쳐올지라도 기도와 찬송이 끊이지 않게 하시옵소서. 하나님의 은혜에 소망을 두고 있는 ㅇㅇㅇ (성도)님에게 기도와 찬송으로 살아가고자 결단하게 하시옵소서.

우리에게는 하나님의 손을 움직이는 기도의 열쇠, 찬송의 열쇠가 있다는 것을 감사해야 함을 묵상합니다. 먼저, 하나님의 은혜를 맛본 저희가 기도와 찬송을 잃지 않아, ㅇㅇㅇ (성도)님에게도 기도와 찬송이 삶의 무기가 되길 바랍니다.

기도와 찬송의 성도는 삶의 실패를 경험할 때, 쓰러지지 않음을 믿습니다.

혹시 사업에 실패하고, 직장에서 곤고한 일을 당할지라도 낙심하지 않음을 믿습니다.

나아가 망막함과 따분함을 경험하게 되어도 소망을 갖게 됨도 믿습니다.

사랑하는 지체에게 내가 기도할 수 있다는 것과 찬송을 할 수 있다는 사실은 나를 위한 하나님의 복임을 새기게 하시옵소서. ○○○ (성도)님의 하루가 기도와 찬송으로 채워지게 하시옵소서.

예수님의 이름으로 기도드립니다. 아멘.

19

세상의 일들을 거절함

"우리는 이제 왕 같은 제사장으로 신분이 바뀌었습니다. 따라서 예전의 죄 된 습관을 버리고 이제는 성령님의 충만하심으로 흠이 없는 모습으로 자라갈 수 있도록 기도로 도우심을 바라십시오."

_____ 를 위한 열아홉번째 기도

말씀으로 묵상하십시오.

주께서 내 마음을 시험하시고 밤에 내게 오시어서 나를 감찰하셨으나 흠을 찾지 못하셨사오니 내가 결심하고 입으로 범죄하지 아니하리이다 사람의 행사로 논하면 나는 주의 입술의 말씀을 따라 스스로 삼가서 포악한 자의 길을 가지 아니하였사오며 나의 걸음이 주의 길을 굳게 지키고 실족하지 아니하였나이다 | 시편 17:3-5

이는 세상에 있는 모든 것이 육신의 정욕과 안목의 정욕과 이생의 자랑이니 다 아버지께로부터 온 것이 아니요 세상으로부터 온 것이라 | 요한일서 2:16

새신자를 위한 오늘의 실천사항

1.
2.
3.

자비로우신 하나님,

이 시간에, 저의 마음이 ○○○ (성도)님을 향하여 불 일듯 하게 하심에 감사드립니다.

성령님의 감동하심에 따라 그를 마음에 품은 지 오래 되게 하시고, 늘 기도하게 하셨음에 찬양을 드립니다.

오늘도, 저의 마음을 ○○○ (성도)님과 그의 가정으로 이끌어 주시니 먼저 감사를 드립니다.

우리가 함께 여호와의 이름을 찬양하면서 살아가게 하시옵소서. 늘 성령님께 충만하여 거룩함을 이루어 나가게 하시옵소서.

하나님의 자녀에게는 한 가지의 소원이 있어야 하는데, 여호와께 온전한 모습으로 자라가는 것임을 믿습니다.

이를 위해서 하나님께서는 교회에 일꾼으로 세우셔서 하나님의 자녀들을 온전케 하시기를 원하셨습니다. ○○○ (성도)님이 교회 안에서 지도를 잘 받아 성숙의 은혜를 누리게 하시옵소서.

"만일 말에 실수가 없는 자면 곧 완전한 사람이라 능히 온 몸도 굴레를 씌우리라"라고 하심과 같이 기도하면서 입술로 범죄 하지 않은 것을 자랑하도록 이끌어 주시옵소서.

예수님을 믿기 전에는 달콤하게 여겼던 더러운 것들로부터 자신을 지키고자 기도하도록 도와주심을 바랍니다.
오직 성령님의 충만하심으로 흠이 없는 모습으로 자라기를 소원하게 하시옵소서.
예수님의 이름으로 기도드립니다. 아멘.

20

하나님의 말씀을 따라 스스로 삼가라

"우리는 하나님의 말씀을 통해 하나님의 기뻐하시고 온전하신 뜻을 알 수 있습니다. 하나님의 뜻을 알아야만 하나님이 원하시는 삶을 살 수 있음을 기억하고 말씀을 가까이 하십시오."

_____ 를 위한 스무번째 기도

....
....
....

말씀으로 묵상하십시오.

모든 성경은 하나님의 감동으로 된 것으로 교훈과 책망과 바르게 함과 의로 교육하기에 유익하니 | 디모데후서 3:16

이 율법책을 네 입에서 떠나지 말게 하며 주야로 그것을 묵상하여 그 안에 기록된 대로 다 지켜 행하라 그리하면 네 길이 평탄하게 될 것이며 네가 형통하리라 | 여호수아 1:8

금 곧 많은 순금보다 더 사모할 것이며 꿀과 송이꿀보다 더 달도다 | 시편 19:10

새신자를 위한 오늘의 실천사항

1.
2.
3.

긍휼이 풍성하신 여호와여,

우리를 사랑하시는 하나님의 사랑으로 ○○○ (성도)님을 사랑하게 하심에 감사드립니다.

이제는 그를 위한 간구가 기도의 습관이 되게 하셨으니, 지금도 중보의 영으로 충만하게 하시옵소서.

저희가 한 지체가 되어, 교회에 모이던지, 구역으로 모이던지 하나님을 예배할 때, 흠 향하시고, 준비하신 복을 내려 주시옵소서.

○○○ (성도)님과 그 가정을 위해서 하나님의 긍휼이 풍성하기를 바랍니다.

아울러, ○○○ (성도)님을 향하신 하나님의 계획이 오늘도 이루어지는 가운데, 믿음에서 믿음으로 이르는 은혜를 내려 주시옵소서.

그가 여호와께 복 된 자녀가 되어 성령님께 충만함으로써 자기를 지키게 하시옵소서. 의의 자녀로 살기에 조금도 모자라지 않게 하여 주시옵소서.

하나님의 말씀을 따라 자기를 살피는 은혜를 보게 하시옵소서. 이로써, 성도의 행실을 사랑하게 하시옵소서. 성경을 우리에게 주심은, "모든 성경은 하나님의 사람으로 온전케 하며 모든 선한 일을 행하기에 온전케 하려 함이니라"에 있음을 믿습니다.

성령이 충만하여 육체의 모습을 거절하고, 오직 영에 속한 행실의 열매를 맺는 삶이 되게 하시옵소서. 죄를 멀리 하기를 소원하였던 다윗과 함께 자신의 행위로 범죄 하지 않은 것을 자랑으로 삼기를 평생의 기도로 여기게 하시옵소서.

예수님의 이름으로 기도드립니다. 아멘.

새신자를 위한 아름다운 기도

날짜	새신자이름	기 도 제 목

Prayer

새신자 정착을 위한 필수 신앙지식

새신자 정착 10계명(1)-다섯 가지

1. 교회에 위로와 칭찬, 화목의 분위기가 가득하도록 만들라.
   성경의 바나바는 위로의 사람으로 교회 분위기를 언제나 훈훈하게 이끌었다는 사실을 기억해야 한다.

2. 예배 후 10분 동안 새신자를 절대 혼자 있게 만들지 말라.
   예배 종료 즉시 훈련받은 바나바들이 새신자를 찾아 정중히 인사하고 환영하며 최대한 친절히 영접한다. 본인이 교회의 귀한 손님이라는 사실을 확인시킨다.

3. 가슴의 사랑, 즉 따뜻한 마음을 가진 사람이 새신자를 만나게 하라.
   의무적이고 계산된 행동이 아니라 마음에서 친절이 우러나오도록 행동하는 달란트의 사람이 새신자를 만나고 지속적으로 관리하도록 한다.

4. 새가족이 된 신자보다 사역자를 변화시키는 것이 먼저다.
   교육과 훈련으로 변화된 바나바는 새신자를 교회에 정착하도록 결심시키는 일에 사명을 갖고 최선을 다한다.

5. 새신자와 교인을 연결하는 중보자가 되라.
   예수님이 하나님과 사람 사이를 중보하듯 대상자를 사랑과 기도로 중보하도록 수시로 교육하고 훈련시킨다.

21

걸음으로 주의 길을 굳게 지켜라

"내가 선한 싸움을 싸우고 나의 달려 갈 길을 마치고 믿음을 지켰으니 이제 후로는 나를 위하여 의의 면류관이 예비 되었다는 바울의 고백이 오늘 나와 새신자의 고백이 되길 원합니다."

_____ 를 위한 스물한번째 기도

말씀으로 묵상하십시오.

나는 선한 싸움을 싸우고 나의 달려갈 길을 마치고 믿음을 지켰으니 이제 후로는 나를 위하여 의의 면류관이 예비되었으므로 주 곧 의로우신 재판장이 그 날에 내게 주실 것이며 내게만 아니라 주의 나타나심을 사모하는 모든 자에게도니라 | 디모데후서 4:7-8

평강의 하나님이 친히 너희를 온전히 거룩하게 하시고 또 너희의 온 영과 혼과 몸이 우리 주 예수 그리스도께서 강림하실 때에 흠 없게 보전되기를 원하노라 | 데살로니가전서 5:23

새신자를 위한 오늘의 실천사항

1.
2.
3.

살아계신 주여,

사랑하는 ○○○ (성도)님이 구원 이후의 은혜를 누리며, 지내도록 하셨음에 감사드립니다.

그가 날마다 주님과 동행하면서 새 생명에로의 성장을 경험하게 하시고, 빛의 자녀로 살아가기를 소망하게 하옵소서.

우리는 바울의 고백과 같이, "내가 선한 싸움을 싸우고 나의 달려 갈 길을 마치고 믿음을 지켰으니 이제 후로는 나를 위하여 의의 면류관이 예비 되었다"는 것을 소망해야 할 줄로 믿습니다. 하나님의 나라와 그 영광을 품게 하시옵소서.

믿음의 사람으로 세워지기를 원하는 ○○○ (성도)님에게 온전한 삶의 은혜를 내려 주시옵소서.

하나님의 자녀로서 여호와 앞에서 흠이 없는 삶을 살기로 결단하게 하시옵소서. 천국에 시민권을 가진 자가 되었으니, 자기를 구별하게 하시옵소서.

죄악 세상에서 믿음으로 사는 것이 어렵지만 세상의 일들을 거절하는 거룩함에 도전하게 하시기를 원합니다. 주님을 알기 전에 바라보았던 것들을 거절하게 하시옵소서.

그의 걸음이 주의 길을 굳게 지키는 것이 되기를 구하게 하시옵소서.

우리가 하나님의 은혜 안에서 믿음을 지키고, 넘어지지 않을 때, 흠이 없는 온전함에 이르는 영광을 취하게 됨을 믿습니다. 그의 생활과 그의 가정에도 성령님의 위로하심과 인도, 보호하심의 은혜가 있어서 희락이 넘치게 하시옵소서.

예수님의 이름으로 기도드립니다. 아멘.

22

여호와를 신뢰하고 인정하라

"우리가 복 받는 길은 범사에 하나님이 나의 주인 되심을 인정하고, 신뢰하는 것입니다. 새신자가 이제 주님을 주인으로 모셨으니 감사하며 함께 하나님께 맡깁시오."

_____ 를 위한 스물두번째 기도

....
....
....

말씀으로 묵상하십시오.

땅에 있는 성도들은 존귀한 자들이니 나의 모든 즐거움이 그들에게 있도다 | 시편 16:3

여호와께 감사하라 그는 선하시며 그의 인자하심이 영원함이로다 | 시편 118:1

너는 범사에 그를 인정하라 그리하면 네 길을 지도하시리라 | 잠언 3:6

새신자를 위한 오늘의 실천사항

1.
2.
3.

우리를 사랑하시는 하나님,
 측량할 수 없는 크신 은혜로 저희들의 삶을 보장해 주시니 감사드립니다.
 이 시간에 머리를 숙이니, 베풀어 주신 은혜가 감격스러워 눈물이 고입니다. 아무 공로가 없음에도 여호와의 자비하심을 누리니 감사할 따름입니다.

 이 시간에, 우리의 삶의 모든 영역에서 우리가 믿고, 의지할 분은 하나님이심을 고백합니다.
 주 안에서 ○○○ (성도)님이 자신의 모든 것을 진정한 신뢰의 대상이 되신 하나님께 맡기겠다는 마음을 주시옵소서. 이러한 자세가 하나님의 뜻을 인지하고 발견하기 위한 신앙의 근본적이고 제일가는 원리라는 사실을 깨닫게 하시옵소서.

 ○○○ (성도)님이 자신이 하나님의 친 백성이라는 증거를 지니게 하시옵소서.
 여호와를 그의 마음에 모심으로써 천국 백성임을 스스로 증거하게 하시옵소서.

그 은혜가 그의 삶 모든 부분에 나타나게 하시옵소서. ○○○ (성도)님이 하나님의 말씀을 마음에 새길 때, 믿음이라는 물이 고이는 것을 경험하게 되기를 원합니다.

여호와께 존귀한 ○○○ (성도)님과 그의 가정을 축복합니다. 하나님께서 선택해 주신 가정에 복을 내리시는 여호와의 이름에 찬양을 드립니다.
하늘의 이슬과 땅의 기름짐이 되어주시기를 원합니다. 하늘의 하나님께 소망을 두고, 오직 기도와 감사로 지내는 은혜가 그에게 풍성하게 하시옵소서.
예수님의 이름으로 기도드립니다. 아멘.

23

말씀을 따르라

"복음에는 하나님의 의가 나타나서 믿음으로 믿음에 이르게 하며, 오직은 의인은 믿음으로 말미암아 산다고 기록되어 있습니다. 새신자가 이 진리를 깨달아 말씀을 생명처럼 붙잡도록 기도합시다."

_____ 를 위한 스물세번째 기도

....
....
....

말씀으로 묵상하십시오.

왕이 자기 처소에 서서 여호와 앞에서 언약을 세우되 마음을 다하고 목숨을 다하여 여호와를 순종하고 그의 계명과 법도와 율례를 지켜 이 책에 기록된 언약의 말씀을 이루리라 하고 | 역대하 34:31

인자와 진리가 네게서 떠나지 말게 하고 그것을 네 목에 매며 네 마음판에 새기라 | 잠언 3:3

그러므로 믿음은 들음에서 나며 들음은 그리스도의 말씀으로 말미암았느니라 | 로마서 10:17

새신자를 위한 오늘의 실천사항

1.
2.
3.

은혜로우신 하나님,

오늘, 예비된 은혜를 ○○○ (성도)님에게 내려 주시옵소서. 그 은혜로 영과 진리에 속한 삶을 살아가게 하시며, 하나님의 말씀이 그에게 만족함이 되게 하시기를 원합니다.

재물의 많고 적음에서 또한 누리는 것이 많고 적음에서 행복을 구하지 않고, 천국을 소유하고 있음이 기쁨이 되게 하시옵소서.

사람은 자기의 행위로 자신을 증거함으로 하나님의 말씀에 순종하는 영광에 이르게 하시옵소서. ○○○ (성도)님이 하나님을 사랑하여 하나님의 말씀을 생명처럼 붙잡게 하시옵소서.

하늘에서부터 오는 말씀을 존귀하게 여기고, 그 말씀에 자신의 행복을 두게 하시옵소서.

그 말씀에서 영생의 복을 누리고, 말씀에 약속되어 있는 복을 다 받아 부족함이 없게 하시옵소서. 혹시라도 사탄이 훼방하여 하나님의 말씀을 가소롭게 여기지 않도록 되기를 바랍니다.

  우리는 하나님의 말씀에 대한 소극적인 권고(잊어버리지 말고)와 적극적인 권고(지키라)를 따라야 함을 깨닫게 하시옵소서.

  이스라엘 사람들에게 있어 가장 큰 복은 약속하신 말씀 안에서 오랫동안 행복하게 사는 것이었음을 기억하게 하시옵소서.

  주님을 향한 뜨거웠던 사랑이 식어지고, 믿음의 삶이 형식적인 모습으로 떨어질까 염려하는 ○○○ (성도)님을 받아 주시옵소서.

  ○○○ (성도)님께서 예수님을 구주로 만났을 때의 첫 사랑을 지속시켜 주시옵소서.

  예수님의 이름으로 기도드립니다. 아멘.

24

자신을 포기하고
하나님께 맡기라

"사람이 마음으로 자기의 길을 계획할지라도 그의 걸음을 인도하시는 이는 여호와이십니다. 우리가 염려한다고 되는 일은 없습니다. 나의 모든 짐을 여호와께 맡기는 믿음이 필요합니다."

_____ 를 위한 스물네번째 기도

말씀으로 묵상하십시오.

네 길을 여호와께 맡기라 그를 의지하면 그가 이루시고 네 의를 빛 같이 나타내시며 네 공의를 정오의 빛 같이 하시리로다 | 시편 37:5-6

너희 염려를 다 주께 맡기라 이는 그가 너희를 돌보심이라 | 베드로전서 5:7

너희는 마음에 근심하지 말라 하나님을 믿으니 또 나를 믿으라 | 요한복음 14:1

새신자를 위한 오늘의 실천사항

1.
2.
3.

여호와 우리 주여,
 주 안에서, ○○○ (성도)님을 축복할 때, 그를 처음 만났을 때의 사랑을 기억하게 하시옵소서.
 성령님의 보내심을 느끼며, 그의 이름을 불렀던 은혜의 시간을 기억하게 하시옵소서. 제가 그를 위하여 중보하는 것이 형식적으로 흐르지 않기를 원합니다.

 ○○○ (성도)님도 첫 시간의 은혜를 간직하게 하시옵소서. 여호와를 바라는 신앙의 삶이 형식적이 되지 않기를 소망합니다.
 하나님의 강권하심의 은혜 안에서 예수님을 구주로 고백하였던 뜨거움을 다시 만나게 하시옵소서.

 하나님께서는 마음을 다하여 여호와를 신뢰하는 자와 함께 하심을 확신합니다.
 하나님께 자신을 맡길 때, ○○○ (성도)님과 함께 하시고, 인생을 인도해 주시는 복을 그가 경험하기를 바랍니다. 이 은혜를 통해서 그 자신이 하나님과 사람 앞에 인정받게 되는 영광에 이르게 하시옵소서.

그의 삶에 하나님의 인도하심을 구하기를 소원합니다. 하나님의 사람으로 살려는 그에게 마귀의 유혹이 침범하지 못하게 하시고, 구원을 받기 전의 더러운 생활에 대한 미혹을 받지 않게 하시옵소서.

마음으로 생각하는 것이나 그의 인생에 계획되는 모든 것을 여호와께 맡김으로써 하나님이 그에게 주님이 되어 주시옵소서.

이제, 하나님의 특별하신 계획이 ○○○ (성도)님과 그의 식구들에게도 나타나기를 축복합니다.

예수님의 이름으로 기도드립니다. 아멘.

25

내 친구와 내 형제처럼

"우리가 육체적으로는 남남이지만 주님의 보혈로 의의 형제를 이루었습니다. 새신자도 이제 한 형제이니 같이 기쁜 일에 기뻐하고, 어려운 일에 자기 일처럼 여기는 주님의 마음을 품도록 해야 합니다."

_____ 를 위한 스물다섯번째 기도

....
....
....

말씀으로 묵상하십시오.

내게 선을 악으로 갚아 나의 영혼을 외롭게 하나 나는 그들이 병들었을 때에 굵은 베 옷을 입으며 금식하여 내 영혼을 괴롭게 하였더니 내 기도가 내 품으로 돌아왔도다 내가 나의 친구와 형제에게 행함 같이 그들에게 행하였으며 내가 몸을 굽히고 슬퍼하기를 어머니를 곡함 같이 하였도다 | 시편 35:12-14

임금이 대답하여 이르시되 내가 진실로 너희에게 이르노니 너희가 여기 내 형제 중에 지극히 작은 자 하나에게 한 것이 곧 내게 한 것이니라 하시고 | 마태복음 25:40

새신자를 위한 오늘의 실천사항

1.
2.
3.

하나님 아버지,

사랑하고, 섬기라고 붙여주신 ○○○ (성도)님으로 말미암아 은혜를 더합니다.

예수님의 보혈을 찬송하면서 지체로서의 사랑을 더하게 하시옵소서. 우리가 육체적으로는 남남이지만 주님의 보혈로 의의 형제를 이루게 하시옵소서.

교회공동체에는 다양한 이들이 모여서 주님의 몸을 이룸을 확신합니다. 주님의 사랑을 통하여 주님의 은혜 안에서 한 몸 되기를 원합니다.

이 땅에, ○○ 교회를 세우시고, 우리가 교회 안에서 형제가 되게 하신 은혜를 묵상합니다.

죄악의 자리에서 저를 구원해주셨던 주님의 사랑이 때가 되어, ○○○ (성도)님을 하나님의 자녀로 삼아주셨습니다. 이제, 우리가 이 교회를 서로 사랑하면서 천국 백성의 한 지체로 지내게 하시옵소서.

부족한 제가 먼저 믿은 사람으로서 신앙적인 형이 되어 아우를 이끌어 주는 심정으로 ○○○ (성도)님을 대하게 하시옵소서.

그를 내 형제처럼 대하며, 굳건한 반석의 자리에 서도록 이끌어 주기를 원합니다. 때로는 친구와도 같은 마음으로 은혜를 나누게 하시옵소서.

오늘도 예비하신 하늘의 복으로 ㅇㅇㅇ (성도)님과 그의 가정을 둘러 주시옵소서. 사탄이 그에게 침투하지 못하게 막아 주시옵소서.

ㅇㅇ 교회에서 서로를 섬기되 열심을 내게 하시옵소서. ㅇㅇㅇ (성도)님에게는 은혜 안으로 들어가게 하시옵소서.

예수님의 이름으로 기도드립니다. 아멘.

26

선한 행동을 잃지 말라

"새신자를 위해 지금까지 기도하며, 그의 신앙의 성장을 돕도록 그를 위하여 기도하도록 이끌어 주시고, 섬김의 시간을 가지고 있습니다. 계속해서 사랑의 마음이 이어지도록 기도를 놓지 마십시오."

_____ 를 위한 스물여섯번째 기도

말씀으로 묵상하십시오.

사랑하는 자들아 우리가 서로 사랑하자 사랑은 하나님께 속한 것이니 사랑하는 자마다 하나님으로부터 나서 하나님을 알고 | 요한일서 4:7

욥이 그의 친구들을 위하여 기도할 때 여호와께서 욥의 곤경을 돌이키시고 여호와께서 욥에게 이전 모든 소유보다 갑절이나 주신지라 | 욥기 42:10

내가 내형제와 붕우를 위하여 이제 말하리니 네 가운데 평강이 있을찌어다 | 시편 122:8

새신자를 위한 오늘의 실천사항

1.
2.
3.

영과 진리로 인도하시는 주여,
하나님의 사랑 안에서 ○○○ (성도)님을 섬기게 하시니 감사드립니다. 그를 위하여 기도하도록 이끌어 주시고, 새 신자로서의 성장을 돕도록 저에게 섬김의 시간을 주셨음에 감사드립니다.

그를 사랑하는 동안에, 진실로 저 자신이 성장하고 있음을 경험합니다.
그의 이름을 부르는 시간이 저에게는 은혜가 되었고, 이웃을 섬기도록 하신 하나님의 사랑은 오히려 저에게 축복이 되었으니 감사드립니다.

이 시간에, 하나님의 구원하시는 열심이 ○○○ (성도)님께 있기를 소망합니다.
○○ 교회를 주님의 몸으로 받아들이게 하시고, 교회공동체에서 하나 된 성도들을 섬기는 희락을 자신의 기쁨으로 삼게 하시옵소서.

다윗이 그의 대적들의 악한 행동과 자신이 그들을

대했던 선한 행동을 대조한 사실을 기억합니다. 다윗은 그의 친구들이 병이 들었을 때에 굵은 베옷을 입고 금식하며, 그의 마음을 겸허하게 하여 그의 아픔에 동참했었습니다. 그 마음으로 ○○○ (성도)님을 섬기게 하시옵소서.

다윗이 친구들의 슬픔을 자기 슬픔처럼 생각했으며, 그들의 아픔을 자기의 아픔으로 생각했고, 그들의 죄를 자기의 죄인 것처럼 알고 회개했던 행실을 ○○○ (성도)님도 배우게 하시옵소서. 그리하여 진리 안에서 자라가는 은혜를 보게 하시옵소서.
예수님의 이름으로 기도드립니다. 아멘.

27

친구가 되어주라

"너그러운 사람에게는 은혜를 구하는 자가 많고 선물 주기를 좋아하는 자에게는 사람마다 친구가 된다고 잠언서에 기록되어 있습니다. 나의 새신자에게 작은 선물로 사랑을 표현하면 어떨까요?"

_____ 를 위한 스물일곱번째 기도

말씀으로 묵상하십시오.

또 누구든지 너로 억지로 오 리를 가게 하거든 그 사람과 십 리를 동행하고 네게 구하는 자에게 주며 네게 꾸고자 하는 자에게 거절하지 말라 | 마태복음 5:41-42

내가 나의 친구와 형제에게 행함 같이 그들에게 행하였으며 내가 몸을 굽히고 슬퍼하기를 어머니를 곡함 같이 하였도다 | 시편 35:14

친구는 사랑이 끊어지지 아니하고 형제는 위급한 때를 위하여 났느니라 | 잠언 17:17

새신자를 위한 오늘의 실천사항

1.
2.
3.

우리를 인도하시는 하나님,

여호와의 은총이 ○○○ (성도)님께 임하여 그가 믿음 안에서 잘 양육되고 있음을 즐거워합니다.

그가 우리 하나님을 바라는 소망과 그리스도를 품는 사랑 안에서 자라가고 있음에 감사드립니다. 그를 저에게 붙여주시어 기도하게 하시고, 하늘의 은혜를 나누게 하시니 감사할 따름입니다.

○○○ (성도)님이 교회 안에서 형제들과 교제하는 중에, 하나님의 은혜를 즐거워하게 하시옵소서.

땅의 것, 썩어질 것에 마음을 두지 않고, 영원한 것, 생명에 이르는 것에 마음을 두기 원합니다.

다윗은 친구들이 어려움을 당할 때에 마치 친한 친구와 형제처럼 대했던 것을 기억합니다. 그 마음을 저희들이 공유하게 하시옵소서.

예수님의 십자가에서 이루신 사랑을 ○○○ (성도)님도 교회의 지체들과 함께 하게 하시옵소서.

이제, 주님의 피가 저희를 하나 되게 하셨으니, 서로 격려가 되어 하나님의 나라를 바라보게 하시옵소서. 혹시, 어리석어 ㅇㅇㅇ (성도)님이 죄를 범하게 될 때, 막아주시고, 하나님의 영광을 나타내도록 간섭해 주시옵소서. 여호와의 간섭으로 특별한 은혜와 은총이 그에게 주어지기를 바랍니다.

오늘, 한 날의 삶을 살아갈 때, 순간 순간이 하나님의 인도하심이 되게 하시옵소서.

ㅇㅇㅇ (성도)님을 위하여 준비하신 복을 넘치도록 부어 주옵소서. 오늘 소용되는 것들에 부족함이 없게 하시옵소서.

예수님의 이름으로 기도드립니다. 아멘.

28

그리하면 복이 네게 임하리라

"하나님께서는 네게 복을 주시고, 지키시고, 은혜 베푸시고, 평강주시기를 원하신다고 하셨습니다. 하나님 안에 이러한 복을 새신자뿐만 아니라 그의 가족에까지 누리도록 기도의 영역을 넓혀 봅시다."

_____ 를 위한 스물여덟번째 기도

....
....
....

말씀으로 묵상하십시오.

너는 하나님과 화목하고 평안하라 그리하면 복이 네게 임하리라 청하건대 너는 하나님의 입에서 교훈을 받고 하나님의 말씀을 네 마음에 두라 네가 만일 전능자에게로 돌아가면 네가 지음을 받을 것이며 또 네 장막에서 불의를 멀리 하리라 | 욥기 22:21-23

오직 내가 이것을 그들에게 명령하여 이르기를 너희는 내 목소리를 들으라 그리하면 나는 너희 하나님이 되겠고 너희는 내 백성이 되리라 너희는 내가 명령한 모든 길로 걸어가라 그리하면 복을 받으리라 하였으나 | 예레미야 7:23

새신자를 위한 오늘의 실천사항

1.
2.
3.

우리에게 귀를 기울이시는 여호와여,

사랑하는 ○○○ (성도)님이 구주 예수님에 대한 믿음과 성령님의 동행하심에 대한 소망, 그리고 하나님의 사랑에 감격하면서 지내게 하시니 감사드립니다. 그가 주님을 영접한 날부터 이 날까지 교회의 지도를 잘 받으며 양육 받게 하심을 기뻐합니다.

이제, ○○○ (성도)님이 하나님의 자녀로서 복을 받기 위하여 그에 맞는 삶을 준비하도록 하시옵소서. 성경은 말씀을 준행하는 삶을 살면 복을 주신다고 약속하셨습니다. ○○○ (성도)님이 하나님의 뜻을 따르는 은혜 안으로 들어가게 하시옵소서.

이로써, 하나님과 화목하고 평안하게 되기를 원합니다. 우리가 여호와께 복 된 인생이 되려면 창조자인 하나님과 바른 관계를 가져야 함을 믿습니다.

하나님께서 그를 인정해 주실 때, 그의 삶이 평안한 것을 확신하게 하시옵소서. 그의 삶에서 영혼이 잘

되고, 범사가 잘 되어 강건하게 되는 복을 누리게 하시옵소서.

　주 안에서 ○○○ (성도)님과 그의 가족이 여호와를 바라는 중에 풍성케 하셨으니 그 이름을 높여드립니다. 신실하심과 자비를 내리시는 하나님께서 ○○○ (성도)님에게 신앙생활의 은혜를 더해 주시기를 바랍니다. 하나님과의 화목을 사모하는 가운데 하늘로부터 임하는 희락을 맛보게 하시옵소서.
　예수님의 이름으로 기도드립니다. 아멘.

29

하나님의 사자의 교훈을 받으라

"주 안에서 우리는 서로 한 형제가 되었으나 각각 맡은 역할과 은사가 다릅니다. 특별히 하나님께서 세우신 종을 통해 선포되는 말씀을 진실히 받고 그들의 가르침의 수고를 기억해야 합니다."

_____ 를 위한 스물아홉번째 기도

....
....
....

말씀으로 묵상하십시오.

잘 다스리는 장로들은 배나 존경할 자로 알되 말씀과 가르침에 수고하는 이들에게는 더욱 그리할 것이니라 | 디모데전서 5:17

젊은 자들아 이와 같이 장로들에게 순종하고 다 서로 겸손으로 허리를 동이라 하나님은 교만한 자를 대적하시되 겸손한 자들에게는 은혜를 주시느니라 | 베드로전서 5:5

내 주여 들으소서 당신은 우리 가운데 있는 하나님이 세우신 지도자이시니 우리 묘실 중에서 좋은 것을 택하여 당신의 죽은 자를 장사하소서 우리 중에서 자기 묘실에 당신의 죽은 자 장사함을 금할 자가 없으리이다 | 창세기 23:6

새신자를 위한 오늘의 실천사항

1.
2.
3.

사랑의 하나님,

먹보다도 더 검은 죄로 물들어 죽을 수밖에 없었지만 저희들의 죄를 용서하시고, 영생에 이르게 하시는 은혜가 ○○○ (성도)님께 임한 것에 감사드립니다. 주님의 보혈의 은혜가 생명수의 강수로 그에게 임하더니 지금은 그의 가정에까지 흐르게 된 것에 감사드립니다.

하나님의 말씀에 따라, 먼저 그가 주님을 믿어 천국의 백성이 되게 하시고, 그와 그의 집에 영생의 복을 주신 하나님을 찬양합니다. ○○○ (성도)님이 그 은혜로 예배의 깊은 데로 나아가게 하시옵소서.

교회를 가까이 하고, 교회 안에서 하나님의 뜻을 배우고, 찾는 기쁨을 주시옵소서. ○○○ (성도)님이 자신에 대한 구원의 완성을 교회를 통해서 이루게 하시옵소서.

사랑하는 ○○○ (성도)님에게 사람의 입술을 통해

서 하나님의 말씀을 듣기를 사모하게 하시옵소서. 여호와께로부터 복 되려면 하나님께서 세우신 종들을 통해서 선포되는 말씀을 진실하게 받을 수 있어야 한다는 것을 ○○○ (성도)님께서 잊지 않게 하시옵소서.

하나님께서 구원하시기로 작정하신 ○○○ (성도)님이 ○○ 교회의 한 식구가 되게 해주심을 반가워합니다. 이제, 그의 마음에 교회를 즐거워하게 하시고, 교회 안에서 공동체가 된 지체들과의 친교를 귀하게 여기게 하시옵소서.

예수님의 이름으로 기도드립니다. 아멘.

30

하나님께로 돌아가라

"새신자를 위하여 꿇는 무릎을 귀찮게 여기지 않고, 더욱더 귀한 열매를 맺도록 하늘 나라의 소망을 바라보고, 이 땅에서 지내는 동안에 하나님과 동행하며 나아가야 하겠습니다."

_____ 를 위한 서른번째 기도

....
....
....

말씀으로 묵상하십시오.

악인은 그의 길을, 불의한 자는 그의 생각을 버리고 여호와께로 돌아오라 그리하면 그가 긍휼히 여기시리라 우리 하나님께로 돌아오라 그가 너그럽게 용서하시리라 | 이사야 55:7

여호와를 바라고 그의 도를 지키라 그리하면 네가 땅을 차지하게 하실 것이라 악인이 끊어질 때에 네가 똑똑히 보리로다 | 시편 37:34

인내를 온전히 이루라 이는 너희로 온전하고 구비하여 조금도 부족함이 없게 하려 함이라 | 야고보서 1:4

새신자를 위한 오늘의 실천사항

1.
2.
3.

신실하신 주 여호와여,

이 시간에, ○○○ (성도)님을 사모하게 하신 하나님의 성령을 찬양합니다.
그의 이름을 사랑하게 하시며, 그를 위하여 무릎을 꿇기를 귀찮게 여기지 않게 하시니 감사드립니다. ○○○ (성도)님을 사랑하시는 하나님의 열심을 묵상합니다.

사탄에게 종노릇을 하던 그를 빼어내어 하나님의 자녀가 되게 하셨으니, 이제는 ○○○ (성도)님에게 자녀로서 아버지에게 충성을 다하게 하시옵소서. 하나님의 나라를 소망하는 의의 자녀로 조금의 부족함도 없게 하시옵소서.

부모와 함께 여행길에 나선 자녀는 언제나 부모의 손을 잡고 있어야 함을 깨닫습니다. ○○○ (성도)님이 하나님의 자녀가 되었으니, 인생이라는 여행길에서 하나님의 손을 꼭 잡게 하시옵소서. 하나님의 은혜를 즐거워하는 자녀가 되게 하시옵소서.

ㅇㅇㅇ (성도)님이 하나님의 나라를 바라보고, 이 땅에서 지내는 동안에 하나님과 동행하게 하시옵소서. 혹시라도, ㅇㅇㅇ (성도)님이 어려운 문제에 봉착했을 때 자신을 잘 살펴보면서 하나님께로 돌아가도록 인도해 주시옵소서. 하나님은 모든 탕자들을 반기시고 복을 내려 주심을 믿습니다.

오늘도 ㅇㅇㅇ (성도)님과 그의 가족을 사랑하시는 은혜가 임하기를 원합니다.
그리하여 땅의 기름진 것을 먹되 풍족히 먹도록 하시고, 때마다 일마다 놀라운 일을 행하시는 하나님이 되어 주시옵소서.
예수님의 이름으로 기도드립니다. 아멘.

새신자를 위한 아름다운 기도

날짜	새신자이름	기 도 제 목

Prayer

새신자 정착을 위한 필수 신앙지식

새신자 정착 10계명(2)-다섯가지

6. 공감대를 갖는 사람과 일대일로 짝지어라.

   새 신자와 공감대를 갖는 바나바 사역은 짧은 시간에 친근감을 갖고 교회에 정착되도록 한다.

7. 매주 3명의 교인을 소개하라.

   바나바는 7주 동안 중요하게 여기는 교인을 매주일 3명씩 새 신자에게 소개하며 서로 교제하게 한다.

8. 새 신자 앞에서 담임 목사와 교회를 자랑하라

   목회자 중심, 교회 중심으로 변화된 바나바는 담임목사와 교회를 새 신자에게 자랑하는 사람이다.

9. 새 신자와 짝짓는 환영실을 가지라.

   새 신자를 환영하는 분위기를 느끼게 잘 장식한 환영실에서 바나바와 짝을 짓는 것이 효과적이다.

10. 교회적으로 새 신자 정착 사역에 비중을 두라.

    정착사역은 전도와 양육을 연결하는 중심축이라는 것을 교회적으로 인식하고 효과적 조직적인 방법을 교회 차원에서 마련해야 한다.

31

거룩함에 흠이 없게

"우리의 마음이 연약해지면 사탄이 참소하여 우리를 분열시키고, 마음 문이 닫힙니다. 새신자에게 마귀가 틈타지 않도록 계속해서 기도의 역사를 이루어 가야 하겠습니다."

_____ 를 위한 서른한번째 기도

....
....
....

말씀으로 묵상하십시오.

하나님 우리 아버지와 우리 주 예수는 우리 길을 너희에게로 갈 수 있게 하시오며 또 주께서 우리가 너희를 사랑함과 같이 너희도 피차간과 모든 사람에 대한 사랑이 더욱 많아 넘치게 하사 너희 마음을 굳건하게 하시고 우리 주 예수께서 그의 모든 성도와 함께 강림하실 때에 하나님 우리 아버지 앞에서 거룩함에 흠이 없게 하시기를 원하노라 | 데살로니가전서 3:11-13

북풍이 비를 일으킴 같이 참소하는 혀는 사람의 얼굴에 분을 일으키느니라 | 잠언 25:23

모이기를 폐하는 어떤 사람들의 습관과 같이 하지 말고 오직 권하여 그 날이 가까움을 볼수록 더욱 그리하자 | 히브리서 10:25

새신자를 위한 오늘의 실천사항

1.
2.
3.

영으로 간구하게 하시는 주여,

주님의 이름으로 ○○○ (성도)님을 축복합니다. 그에게 하나님을 사랑하게 하시고, 그 사랑으로 교회를 사랑하는 지체가 되게 하시기를 원합니다. 교회를 통해서 받아야 하는 복을 누리게 하시옵소서.

하나님의 나라를 소망하는 우리는 그 나라가 임하기까지 기다려야 함을 묵상합니다.

그 기다림은 교회 안에서 이루어져야 한다는 사실을 잊지 않게 하시옵소서. ○○○ (성도)님이 만일, 교회를 거절하고 천국에 가기를 기다린다면 그것은 자신을 천국으로 인도하지 못한다는 것을 기억하게 하시옵소서.

○○○ (성도)님에게 교회에 대한 너그러운 마음을 갖도록 이끌어 주시옵소서. 그가 어떤 경우에라도 교회를 거절하지 않고, 교회에 대하여 마음을 정함이 굳게 되기를 기도하게 하시옵소서.

오늘 ○○○ (성도)님의 마음이 굳게 되기를 간구합니다. 우리의 마음이 연약해지면 사탄이 참소하여 우리를 더럽힘으로 내던지게 할 수 있음에 유의하게 하시옵소서.

　사랑하는 ○○○ (성도)님이 지금 저희들도 한 번씩은 겪었던 교회의 분위기가 싫어지는 위기를 겪고 있습니다. 교회에 모이는 사람들이 다양하고, 때로는 받아들이기가 어려울 때마다 성령님께서 은혜를 더하시옵소서.
　예수님의 이름으로 기도드립니다. 아멘.

32

마음을 굳게 해 주는 교회

"마귀는 우는 사자와 같이 우리를 삼키려고 합니다. 이러한 마귀를 대적하기 위해서는 하나님의 전신 갑주를 입어 능히 마귀를 대적할 수 있습니다. 힘들 때에 잘 이겨낼 수 있도록 기도로 무장해야겠습니다."

_____ 를 위한 서른두번째 기도

....
....
....

말씀으로 묵상하십시오.

그가 이르시기를 너희는 각자의 악한 길과 악행을 버리고 돌아오라 그리하면 나 여호와가 너희와 너희 조상들에게 영원부터 영원까지 준 그 땅에 살리라 | 예레미야 25:5

모든 기도와 간구를 하되 항상 성령 안에서 기도하고 이를 위하여 깨어 구하기를 항상 힘쓰며 여러 성도를 위하여 구하라 | 에베소서 6:18

마귀의 간계를 능히 대적하기 위하여 하나님의 전신 갑주를 입으라 | 에베소서 6:11

새신자를 위한 오늘의 실천사항

1.
2.
3.

교회로 모이게 하시는 하나님,
주님을 사랑하고, 교회를 즐거워할 ○○○ (성도)님이 어려움을 겪고 있습니다. 이 시간에, 주님의 이름으로 그를 축복합니다. 어서 빨리 그 어려운 상황에서 벗어나 진리 안으로 들어오게 하시옵소서.

우리에게 하나님을 사랑하고, 마음을 굳게 하도록 성령님께서 도와주시길 바랍니다.
우리는 하나님의 집인 교회에서 마음을 굳게 하는 은혜의 자리로 들어가게 하시옵소서.

지금 사탄이 ○○○ (성도)님에게 틈을 타서 미혹할 때, 주님의 피 공로로 물리치게 하시옵소서. 이로써 죄를 이기고 의를 행하는 자녀가 되게 하시기를 기도합니다. 주님의 재림 때 하나님 아버지 앞에서 거룩함에 흠이 없게 되는 은혜를 보게 하시옵소서.

○○○ (성도)님을 혼란스럽게 하기 위해서 사탄은 여러 가지의 역사를 일으키고 있습니다. 그의 생각과

마음에 침투해서 온갖 더러운 역사를 일으키고 있는 마귀를 붙잡아 주시옵소서. 성령님께서 ○○○ (성도) 님의 영혼을 다스려 주시옵소서.

사탄이 여러 가지의 일로 그와 그의 가정을 괴롭히지만 성도님께서 오직 인내로 이기도록 위로해 주시옵소서. 교회공동체를 통해서 하나님의 은혜를 맛보게 하시고, 천국의 신비를 경험하게 하시옵소서.

마귀의 역사가 강할수록 성령님의 함께 하시는 능력이 더욱 강하게 나타나기를 원합니다. 그의 영혼을 구원하셨으니, 누구도 방해하지 못하게 하시옵소서.
예수님의 이름으로 기도드립니다. 아멘.

33

거룩함에 흠이 없기를 사모하라

"근본적으로 사람을 변화시키는 것은 철학이나 도덕이나 종교적 행위나 열심도 아닙니다. 하나님의 은혜입니다. 하나님의 은혜는 경건치 않은 습관이나 세상 정욕을 버리게 합니다."

_____ 를 위한 서른세번째 기도

....
....
....

말씀으로 묵상하십시오.

너희 마음을 굳건하게 하시고 우리 주 예수께서 그의 모든 성도와 함께 강림하실 때에 하나님 우리 아버지 앞에서 거룩함에 흠이 없게 하시기를 원하노라 | 데살로니가전서 3:13

그의 영광의 풍성함을 따라 그의 성령으로 말미암아 너희 속사람을 능력으로 강건하게 하시오며 | 에베소서 3:16

사랑하는 자여 네 영혼이 잘됨 같이 네가 범사에 잘되고 강건하기를 내가 간구하노라 | 요한삼서 1:2

새신자를 위한 오늘의 실천사항

1.
2.
3.

지긋하게 하시는 여호와여,

저희들이 이 땅에서 지내는 동안에 외롭지 않게 하시려고 교회를 주셨으니 감사드립니다.

교회로 말미암아 보이는 몸으로서의 주님과 교제하기에 이르며, 하나님의 은혜를 누리게 하셨음에 찬양을 올려 드립니다.

교회는 주님께서 다시 오시는 그날까지 우리가 머물러 있어야 하는 처소임을 확인합니다.

저희들에게 하늘 나라를 소망하도록 ○○ 교회를 주셨으니 감사드립니다. ○○○ (성도)님과 함께 교회 생활을 하면서 천국에서의 삶을 모형적으로 즐기게 하시옵소서.

우리에게 주신 주님의 몸으로서 ○○ 교회를 존귀하게 여기게 하시옵소서. 이 교회에서 시간마다 흘러나오는 생명수를 마셔 영생에 이르게 하시옵소서. 강단을 통해서 주시는 생명의 떡을 통해서 영혼이 힘을 얻게 하심을 바랍니다.

교회 안에서 영혼과 육체가 강건하게 되는 은총을 받게 하시옵소서. 교회 공동체 안에서 거룩함에 흠이 없기를 기도합니다. 그래서 주님의 재림 때, 영광스러운 부활의 몸을 입는 복에 참여하기를 소망하는 우리들이 되기를 간구합니다.

교회를 중심으로 살아가는 동안에, 사람 셋을 영접하여 대접했던 아브라함의 은혜가 오늘, ○○○ (성도)님의 것이 되기를 소망합니다. 자의적인 노력이 아니라 성령님의 감동으로 나아가게 하시옵소서.

예수님의 이름으로 기도드립니다. 아멘.

34

나의 행보를 주의 말씀에

"그리스도인은 가정과 사회에서 관계를 아름답게 만드는 촉매의 역할을 해야 합니다. 이에 필수적으로 요구되는 것은 하나님과의 돈독한 관계입니다. 오늘 나의 기도의 시작이 이러한 관계의 첫걸음입니다."

_____ 를 위한 서른네번째 기도

....
....
....

말씀으로 묵상하십시오.

주의 증거들은 놀라우므로 내 영혼이 이를 지키나이다 주의 말씀을 열면 빛이 비치어 우둔한 사람들을 깨닫게 하나이다 | 시편 119:129-130

너희는 유혹의 욕심을 따라 썩어져 가는 구습을 따르는 옛 사람을 벗어 버리고 | 에베소서 4;22

너는 이스라엘 자손에게 말하여 이르기를 너희는 나의 안식일을 지키라 이는 나와 너희 사이에 너희 대대의 표징이니 나는 너희를 거룩하게 하는 여호와인 줄 너희가 알게 함이라 | 출애굽기 31:13

새신자를 위한 오늘의 실천사항

1.
2.
3.

주일을 구별하게 하시는 주여,
죄로 말미암아 죽을 수밖에 없는 우리를 살리시려고 하나님께서 자기의 독생자를 십자가에 내어 주셨으니 ㅇㅇㅇ (성도)님이 구속의 은혜를 감사하면서 지내게 하시옵소서.

주님의 십자가를 생각할 때마다 ㅇㅇㅇ (성도)님이 죄가 자신을 정복하지 못하도록 민감하게 하시옵소서. 하나님께서 미워하시는 일에 대하여 관심을 갖지 않게끔 거절하는 용기를 주시옵소서.
하나님의 영광을 추구하지 않는 것이라면 가까이 가지 않도록 걸음을 묶어 주시옵소서.

먼저 신앙생활을 하지만 부족하기 그지없음을 고백합니다. ㅇㅇㅇ (성도)님 앞에서 자신의 우둔함을 깨닫게 하시옵소서.
사랑하는 지체의 양육을 위해서 실족하지 않도록 모범을 보이게 하시고, 기도하기를 게으르지 않게 하시옵소서.

우리는 자기를 즐겁게 해 주는 것을 따르는 성향을 갖고 있음을 고백합니다.

이때, 자기를 즐겁게 하는 것들의 대부분은 죄와 연결되어 있음을 깨달아 늘 자신을 지키게 하시옵소서.

사랑하는 ○○○ (성도)님과 이 가정의 지체들에게 여호와의 임재를 소망하게 하시니 감사드립니다. 저가 옛 사람의 행실을 이미 버렸으니, 하늘로부터 보내심을 받은 자로서 살게 하시옵소서.

예수님의 이름으로 기도드립니다. 아멘.

35

말씀을 사모하고, 갈급해하라

"그리스도인은 말씀의 사람입니다. 말씀 그 자체이신 그리스도를 마음에 모시고 살아가기 때문입니다. 말씀은 우리에게 지혜를 주고 우리가 가야 할 길을 올바르게 인도해 줍니다."

_____ 를 위한 서른다섯번째 기도

....

....

....

말씀으로 묵상하십시오.

청하건대 너는 하나님의 입에서 교훈을 받고 하나님의 말씀을 네 마음에 두라 | 욥기 22:22

여호와께서 백성을 사랑하시나니 모든 성도가 그의 수중에 있으며 주의 발 아래에 앉아서 주의 말씀을 받는도다 | 신명기 33:3

내가 주께 범죄하지 아니하려 하여 주의 말씀을 내 마음에 두었나이다 | 시편 119:11

새신자를 위한 오늘의 실천사항

1.
2.
3.

좋으신 하나님,

오늘, 사랑하는 ○○○ (성도)님이 한 날을 살아가는 동안에 하나님의 자녀로서 여호와를 목자로 삼고 지내기를 축복합니다.

아울러 소용되는 것들을 모자람이 없이 받아 누리는 삶이기를 축복합니다. 그리하여 영혼이 잘 되고, 범사가 잘 되어 하나님을 영화롭게 해드리게 하시옵소서.

사랑하는 ○○○ (성도)님이 말씀의 거울로 삼아 자기 자신을 되돌아보게 하시고, 자신의 우둔함을 깨달아 하나님만 의지하게 하시옵소서.

우리의 어리석음은 다른 것으로 고칠 수 없음을 고백합니다. 다윗은 주의 계명을 사모함으로 입을 열고 헐떡였다고 하였습니다.

다윗의 그 마음을 사랑하는 지체가 자기의 것으로 삼게 하시옵소서. 이제 ○○○ (성도)님이 이 세상에서 그 어떤 것보다 말씀을 귀하게 여기고 사모하는 갈급함으로 오늘 여호와 앞에서 기다리는 은혜를 내려 주시옵소서.

하나님의 말씀이 그에게 양식이 되기를 원합니다. 하나님의 말씀에서 생수의 은혜를 받아 영혼의 기갈을 면하게 하시옵소서. 말씀을 사모함에서 영혼이 주리는 은혜를 체험하게 하시옵소서.

여호와의 속량을 통해서 ㅇㅇㅇ (성도)님과 그의 가정이 복 되게 하시옵소서.

죄와 사망과 질병과 망하는 것과 가난해지는 저주에서 놓여남을 믿습니다. 저가 땅의 것은 하나님께 맡기고, 오직 주님을 영화롭게 해드리는 삶에 민감하게 하시옵소서.

예수님의 이름으로 기도드립니다. 아멘.

36

말씀에 삶의 기초를 놓으라

"말씀이 풍성한 사람들은 시와 찬미와 신령한 노래를 부르며 하나님을 찬양하게 됩니다. 말씀을 잘 듣고 깨달아 풍족한 말씀으로 영적 부요함을 누리십시오."

_____ 를 위한 서른여섯번째 기도

말씀으로 묵상하십시오.

예수께서 이르시되 오히려 하나님의 말씀을 듣고 지키는 자가 복이 있느니라 하시니라 | 누가복음 11:28

주의 율례들을 즐거워하며 주의 말씀을 잊지 아니하리이다 | 시편 119:16

나의 영혼이 주의 구원을 사모하기에 피곤하오나 나는 주의 말씀을 바라나이다 | 시편 119:81

새신자를 위한 오늘의 실천사항

1.
2.
3.

생명의 주 여호와여,

하나님께서 자녀로 삼아주신 ○○○ (성도)님이 이전에 즐기던 땅의 것들을 거절하고 하나님의 나라에 마음을 두고 지내 온 것에 감사드립니다.

그 자신이 성령 충만하기를 사모하고, 위엣 것에 마음을 두면서 믿음의 진보를 보이게 하여 주심을 감사드립니다. 그를 위하시는 하나님의 열심을 봅니다.

마음을 죄악이 주관치 못하게 하려면 하나님의 말씀이 나를 주관해야 함을 묵상합니다. ○○○ (성도)님이 여호와를 향하여 복 있는 지체가 되기를 소망하니, 그의 모든 언행심사의 바탕이 말씀 위에 있게 하시옵소서.

오직 하나님의 말씀이 그의 삶을 받쳐주지 못하면 ○○○ (성도)님의 삶은 죄악이 주관하게 되어 있음을 압니다. 자기의 모든 삶의 뿌리가 말씀에 닿아 있어야만 자신의 마음이 안정되고, 죄악에 흔들리지 않고, 견고하게 됨을 기억하게 하시옵소서.

이제 혹시라도 사탄의 유혹에 넘어져서 교회를 멀리하지 않게 하시며, 주일을 사모하며 기다리는 마음을 갖게 하시옵소서.

먼저, 여호와께 구별되어야 할 것을 구별하는 데서 신령함에 이르게 하시옵소서. 하나님께 집중하는 삶이 그의 원칙이 되기를 원합니다.

○○○ (성도)님이 하나님 앞에서 복 있는 사람이 되게 하시옵소서. 사랑하는 지체와 그의 가족이 한마음으로 신령한 복을 누리게 하시옵소서.
예수님의 이름으로 기도드립니다. 아멘.

37

하나님 여호와께로 돌아오라

"예수 그리스도를 믿는 순간부터 옛 사람은 죽고 새 사람으로 살기 시작합니다. 삶의 방식이 이전과는 완전히 달라지게 됩니다. 땅의 사람이 아니라 하늘의 사람이 되기 때문입니다."

_____ 를 위한 서른일곱번째 기도

....
....
....

말씀으로 묵상하십시오.

자기의 죄를 숨기는 자는 형통하지 못하나 죄를 자복하고 버리는 자는 불쌍히 여김을 받으리라 | 잠언 28:13

하나님이여 내 속에 정한 마음을 창조하시고 내 안에 정직한 영을 새롭게 하소서 | 시편 51:10

악인은 그의 길을, 불의한 자는 그의 생각을 버리고 여호와께로 돌아오라 그리하면 그가 긍휼히 여기시리라 우리 하나님께로 돌아오라 그가 너그럽게 용서하시리라 | 이사야 55:7

새신자를 위한 오늘의 실천사항

1.
2.
3.

우리를 기다리시는 하나님,

주 안에서 ○○○ (성도)님이 ○○ 교회의 가족이 된 날부터 교회 안에서 기도의 한 지체로 지내오게 하셨음에 감사드립니다.

이 시간에 ○○○ (성도)님과 함께 기도하던 권속들이 머리를 숙였으니, 영광을 받으시고 저희들에게는 은혜를 내려 주시옵소서.

죄는 우리로 하여금 자신의 즐거움을 탐닉하게 하고, 하나님께로부터 떠나게 합니다.

그러나 죄에 빠져서 즐겁다고 여기는 순간에 그의 인생은 저주 아래 놓이게 됩니다. 죄는 잠시의 쾌락을 줄지언정 의와 평강과 희락을 빼앗음에 주의하게 하시옵소서.

"이스라엘아 네 하나님 여호와께로 돌아오라"고 하신 하나님께 찬양을 올려 드립니다.

탕자가 아버지의 곁으로 돌아온 것처럼 혹시라도 ○○○ (성도)님이 하나님을 멀리 하고 세상과 우상을 가까이 한 일이 있었다면 속히 그 자리를 거절하게 하시옵소서.

　우리 모두가 경험했듯이, 자기의 길에서 떠날 때 은혜의 시작이 됨을 확인합니다.
　자신의 의지대로 살려 했던 자리에서 떠나 하나님의 손을 붙잡는 데서 인생의 소망이 됨을 깨닫게 하시옵소서.
　사랑하는 지체에게 여호와를 찾게 하시옵소서.
　그가 하나님의 이름을 부르는 순간에, 자신을 둘러싸고 있는 문제들이 풀어지는 은혜를 경험하게 하시옵소서.
　예수님의 이름으로 기도드립니다. 아멘.

38

돌아오게 하시는 하나님

"위의 것을 찾는 사람은 육신의 삶이 고달프고 어두워도 하늘에 둔 소망으로 인해 기뻐하며 살아갑니다. 주님은 우리를 향해 땅의 것으로 염려하는 자가 되지 말고 먼저 하나님의 나라와 그 의를 구하여야 한다고 하셨습니다."

_____ 를 위한 서른여덟번째 기도

말씀으로 묵상하십시오.

이스라엘아 네 하나님 여호와께로 돌아오라 네가 불의함으로 말미암아 엎드러졌느니라 너는 말씀을 가지고 여호와께로 돌아와서 아뢰기를 모든 불의를 제거하시고 선한 바를 받으소서 우리가 수송아지를 대신하여 입술의 열매를 주께 드리리이다 우리가 앗수르의 구원을 의지하지 아니하며 말을 타지 아니하며 다시는 우리의 손으로 만든 것을 향하여 너희는 우리의 신이라 하지 아니하오리니 이는 고아가 주로 말미암아 긍휼을 얻음이니이다 할지니라 | 호세아 14:1-3

위의 것을 생각하고 땅의 것을 생각하지 말라 | 골로새서 3:2

새신자를 위한 오늘의 실천사항

1.
2.
3.

목자가 되시는 주여,

성령님의 임재 안에서, ○○○ (성도)님이 시시각각으로 유혹해 오는 육체의 욕심을 멀리하고, 하나님의 뜻을 구하며 지내게 하시니 감사드립니다. 주 안에서 우리가 함께 교제하는 동안에, ○○○ (성도)님께서 온전함에 이르는 모습을 보니 즐겁습니다.

그가 우리 하나님 앞에서 아름다운 나무로 세워지기를 바라고 있으니 늘 성령님으로 충만하게 하시고 성령님께 속한 열매를 맺게 하시옵소서.

그러나 때때로 ○○○ (성도)님의 연약함이 넘어지고, 쓰러지게 합니다. 마귀가 그의 약한 것에 틈을 타서 육체의 소욕으로 몰아갑니다. 영의 분별을 하지 못하고, 자기의 마음을 죄에게 내어주곤 하니, 그의 심령을 붙들어 주시옵소서. 저희들은 연약해서 때때로 하나님을 멀리 할 때가 있음을 고백합니다.

"너는 말씀을 가지고 여호와께로 돌아오라" 하신

하나님을 찬양합니다. 우리가 돌아가면 언제라도 맞아주시는 하나님을 사랑합니다. 하나님의 사랑과 초청에 근거하여 ○○○ (성도)님께서 하나님 앞으로 나아가도록 강권해 주시옵소서.

죄악을 고백하는 은혜를 내려 주시옵소서. 자기의 지었던 죄를 회개하고, 하나님께로 돌아온 선한 행실을 귀하게 여겨달라고 간구하게 하시옵소서.

또한 오늘 ○○○ (성도)님에게 꼭 필요한 은혜를 내려 주시고, 그가 평소에 간구하던 기도의 응답을 보는 복 된 시간이 되기를 기도합니다.
예수님의 이름으로 기도드립니다. 아멘.

39

궁휼을 베푸시는 하나님

"하나님은 계획하시는 일을 반드시 성취하는 분이십니다. 하나님의 은혜가 측량할 수 없는 모습으로 새신자에게 임함을 보니 감사와 찬양을 올려 드리며, 이후로도 함께하실 하나님의 손길을 바라봅시다."

_____ 를 위한 서른아홉번째 기도

....

....

....

말씀으로 묵상하십시오.

너는 알지 못하였느냐 듣지 못하였느냐 영원하신 하나님 여호와, 땅 끝까지 창조하신 이는 피곤하지 않으시며 곤비하지 않으시며 명철이 한이 없으시며 피곤한 자에게는 능력을 주시며 무능한 자에게는 힘을 더하시나니 소년이라도 피곤하며 곤비하며 장정이라도 넘어지며 쓰러지되 오직 여호와를 앙망하는 자는 새 힘을 얻으리니 독수리가 날개 치며 올라감 같을 것이요 달음박질하여도 곤비하지 아니하겠고 걸어가도 피곤하지 아니하리로다 | 이사야 40:28-31

새신자를 위한 오늘의 실천사항

1.
2.
3.

우리의 생명을 주관하시는 하나님,
지금도 ㅇㅇㅇ (성도)님을 사랑하시는 하나님을 바라봅니다. 하나님의 은혜가 측량할 수 없는 모습으로 ㅇㅇㅇ (성도)님에게 임함을 보니 감사와 찬양을 올려드립니다.

저희들이 하나님을 찾지 못할 때가 있음을 고백합니다. 자기 자신의 분별의 잘못으로 ㅇㅇㅇ (성도)님께서 신앙의 위기에 처해 있음을 고백합니다. 그가 자기의 욕심에 이끌려 하늘을 잊어 육체에 빠졌는지 모릅니다.

ㅇㅇㅇ (성도)님을 위하시는 하나님의 영이 그에게 충만하기를 원합니다. 이로써 하나님께 대한 열정을 회복하고, 기도가 끊이지 않게 하시옵소서.

"고아가 주께로 말미암아 긍휼을 얻음이니이다"라는 말씀으로 우리에게 사랑을 확인하시는 하나님을 묵상합니다. ㅇㅇㅇ (성도)님이 지금 경험하고 있는 고아와도 같은 신세로부터 그를 거두어 주시옵소서. 하나님의 풍성하심으로 들어가게 하시옵소서.

저도 경험했던 은혜처럼 하나님께로 돌아가면 하나님과의 관계, 즉 믿음이 더 좋아지는 것을 그가 누리게 하시옵소서. 사실, 하나님의 보호를 받는 자는 소성케 되는 영적인 복이 임하게 됨을 믿습니다.

사랑하는 ○○○ (성도)님께서 하나님을 주목하며 살아가기를 바랍니다. 그가 자신의 삶을 곧 여호와께 올려드리는 제물이 되는 것에 비전을 품게 하시옵소서.

예수님의 이름으로 기도드립니다. 아멘.

40

위의 것을 찾으라

"오늘까지 40일을 기도를 하게 되었습니다. 한 사람의 영혼을 붙잡고 40일을 지키게 하셨음은 모두 하나님의 은혜입니다. 이 모든 것을 하나님께 영광을 돌립니다."

_____ 를 위한 마흔번째 기도

....
....
....

말씀으로 묵상하십시오.

그러므로 너희가 그리스도와 함께 다시 살리심을 받았으면 위의 것을 찾으라 거기는 그리스도께서 하나님 우편에 앉아 계시느니라 위의 것을 생각하고 땅의 것을 생각하지 말라 이는 너희가 죽었고 너희 생명이 그리스도와 함께 하나님 안에 감추어졌음이라 우리 생명이신 그리스도께서 나타나실 그 때에 너희도 그와 함께 영광중에 나타나리라 | 골로새서 3:1-4

사랑하는 자여 네 영혼이 잘됨 같이 네가 범사에 잘되고 강건하기를 내가 간구하노라 | 요한삼서 1:2

새신자를 위한 오늘의 실천사항

1.
2.
3.

나의 주 나의 하나님,

사랑하는 ○○○ (성도)님을 축복하며 부르짖도록 하신 하나님을 찬양합니다.

그의 이름을 저의 입술에 담아주시고, 오늘까지 40일을 기도하게 하시니 감사드립니다. 한 사람의 영혼을 붙잡고 40일을 지키게 하셨음은 모두 하나님의 은혜입니다.

○○ 교회의 식구가 된 ○○○ (성도)님이 저희들과 함께 천국 백성의 삶을 살게 하셨으니 영광을 올려 드립니다. 중보로 섬기는 중에, ○○○ (성도)님에게 성령님의 충만하심이 더해지게 하시옵소서. 그가 모든 것들이 주께로부터 왔으니 주께 돌려 드린다는 심정을 품게 하시옵소서.

사람은 자신이 관심을 갖고 있는 것을 찾게 됨을 생각합니다. 만일, 재물에 관심을 가지면 더 많은 재물을 얻으려고 눈을 크게 뜨고. 명예에 관심을 가지면 자신의 이름을 드러내려는 것에 몰두하게 된다는 것을 ○○○ (성도)님이 깨닫기를 바랍니다.

 그가 하나님을 찾기 위해서 때로는 자신에게 있는 재물도 사용되어져야 할 때 주저하지 않게 하시옵소서. 재물은 하나님을 사랑함의 증거가 될 것으로 믿습니다. 하늘의 하나님께 마음을 두고 살아가는 은혜가 ○○○ (성도)님이 즐기게 하시옵소서.

 오늘도 우리에게 복을 주시고, 좋은 일들로 만족하게 하실 여호와를 사랑합니다. ○○○ (성도)님을 향하신 하나님의 강권하심이 있어 간구하게 하셨으니, 성령님의 함께 하심을 믿습니다.
 예수님의 이름으로 기도드립니다. 아멘.

새신자를 위한 아름다운 기도

날짜	새신자이름	기 도 제 목

Prayer

새신자에게 들려주어야 하는 신앙이야기

한 명의 새신자

스코틀랜드의 한 교회에서 집사 한 분이 주일예배가 시작되기 바로 전 연세가 많은 목사님에게 불평을 했다. "목사님, 목사님의 목회는 뭔가가 잘못됐습니다. 어째서 한 해 동안 겨우 어린 소년 한 명밖에는 늘지 않았는가 말입니다." 이 말을 듣고 목사님은 가슴이 아팠다. 그리고 "저는 최선의 노력을 다 했습니다."고 말했다. 설교를 마치면서는 마음이 너무 무거워 사임을 하고 싶었다.

그런데 바로 그때였다. 한 해 동안의 유일한 새 신자였던 어린 소년이 다가오더니 "목사님, 저도 목사님처럼 목회자나 선교사가 될 수 있을까요?"라고 물었다. 그러자 목사님의 눈에서는 감격의 눈물이 솟아올랐다. 그리고는 그 소년에게 "그럼, 로버트 될 수 있구 말구."라고 말해줬다.

여러 해가 지난 후 아프리카에서 많은 야만인과 추장들을 구원의 길로 인도한 유명한 선교사 한 분이 스코틀랜드로 돌아왔다. 많은 귀족들이 이 선교사를 가정에 초청하기도 했다. 이 분이 바로 그 주일날 노목사님을 찾아왔던 소년 로버트 마펫이었다. "그러므로 맡은 자에게 구할 것은 충성이니라"(고린도전서 4:2).

승리의 신앙간증

_____년 _____월 _____일

내가 작정하며 중보 기도한 새신자에게 어떤 변화가 있었는지 40일간의 기도과정과 변화의 간증을 진솔하게 기록해 봅시다.

제목 :